U0675564

管道

亲子沟通的艺术

李洁 著

作家出版社

一位医生问我："你（教育工作者）和我们（医生）有什么不一样。"我回答："你是医生，坐在你面前的都是病人，你会给他开药方，只想治疗他。我是教育工作者，坐在我面前的都是鲜活的生命，我只想去拥抱他。"

——李　洁

亲子沟通 "管道" 不仅仅是孩子的需要

你知道亲子沟通需要"管道"吗？

你知道如何打造亲子沟通的"管道"吗？

良好的亲子关系建立在良好的亲子沟通之上，而亲子沟通需要一个特殊的"管道"，这是我从教 30 多年的体会。本书通过大量的案例阐述了如何建立亲子沟通的"管道"和如何梳理被堵塞的"管道"，书中推荐的亲子沟通"管道"的建立和梳理的技术都是我和某个特定的孩子一起在解决问题的过程中创造的。

儿童很简单，却又很复杂。从某种意义上说，儿童成长是一个非常复杂的社会现象。简单，是因为孩子用真情真心看世界，你拥抱他，他便把幸福的拥抱送给你；你对他微笑，无论认识与否，他马上就会对你微笑，并夹带上更多非语言元素回应你。如果你对他表现出一丝的不友好，他立即会翻脸，认为你是世界上最坏的人，躲你、怕你。孩子就这么简单！复杂是因为一个弱小的生命呱呱坠地就会学习，就懂得用哭声表达自己的情绪。5 周大就会微笑，两个月大就会发"啊—啊—啊"的音，父母会惊讶："这么个小精灵怎么什么都会！"

随着孩子一天天长大了，父母开始发现问题："我的儿子是不是多动症？"父母满怀忧心；"我们家孩子太任性，怎么办？"父母很无助；"你怎么搞的，这么不听话。"指责的声音不断。在父母指责孩子的时候可曾问问自己："我们怎么把孩子养成这个样子？"这就是孩子的复杂！父母花大力气，孩子不一定朝力的方向发展，因为生命的成长需要一个恰当的"管道"，力气再大，角度不对，"管道"也不会通畅，所以，面对不同气质的孩子，面对孩子的不同表现，父母必须选择最适当的沟通方式，孩子才有可能乖巧、乐观、孝顺、自信、成才。这就要求养育者首先要与孩子建立一条有效的沟通"管道"，然后才有可能帮助孩子成长，完成一个复杂的成长历程，描绘精彩的成长故事。

　　本书是我帮助无数个孩子、无数个家庭和老师后的教育心得。希望普天下愿为孩子成仁而呕心沥血的父母都能从本书中挖掘到育儿的宝藏，搭建与孩子有效沟通的"管道"，让每一个孩子的生命成长故事都可以被听见。

李 洁

2015 年夏于北京

目 录

第1章

亲子沟通"管道"的建立 /1

⊙父母要尊重孩子/3

⊙安抚,给予孩子安全感/7

⊙别以"为你好"的名义为孩子做决定/10

⊙每个周末开一次"家庭会议"/13

⊙给孩子提供特殊"管道"—— 艺术性表达/16

第2章

亲子沟通"管道"的应用 /23

⊙语言是有力量的/25

⊙早上好!你好乖啊/32

⊙微语言:肢体安抚艺术/37

⊙请让你的恐龙吃午餐吧/41

⊙不要让孩子战胜了你的心理底线/46

⊙妈妈管得太多,孩子就永远长不大/50

⊙"能够做李洁的儿子绝对是我的幸运"/55

⊙打骂只会让孩子更叛逆/60

第3章

疏通亲子沟通"管道"的方法 /65

⊙与孩子谈谈吧/67

⊙家长如何面对孩子之间的打闹/72

⊙别让自己的表达方式影响孩子/75

⊙与孩子讲话要注意语言的选择/80

⊙不要小看孩子的倔劲儿 /84

⊙不要着急否定孩子/88

⊙和孩子共同成长/91

第4章

亲子沟通"管道"的维修技巧 /97

⊙神奇魔杖：大声地说吧/99

⊙"水"先生：幽默式的表达/102

⊙幽默是玩儿出来的/106

⊙在游戏中找到办法/111

⊙用故事梳理孩子的情绪/118

⊙一致性表达：让孩子与你更亲密/127

第5章

亲子沟通 "管道" 的作用 /133

⊙把孩子的 "音符" 还给他们/135

⊙尊重孩子的兴趣就是尊重孩子/138

⊙父母给予什么, 孩子就回报什么/143

⊙孩子内在站起来, 整个人才会站起来/146

⊙用 "李氏冥想" 撬动潜意识/149

⊙妈妈去世了, 让眼泪流出来/153

⊙妈妈自身的精神状态决定孩子的自我塑造/160

第6章

孩子沟通 "管道" 的养护 /165

⊙不要剥夺孩子承担责任的机会/167

⊙我长大了: 父母要认可孩子的突发奇想/170

⊙给予爱: 应对孩子自虐的方法/177

⊙男生女生: 按性别给予孩子不同的养育方式/181

⊙悠悠与小弟弟: 改变孩子的不合理认知/185

⊙挫折教育: 让孩子去体验他人生的每一次甘苦/190

第7章

家长沟通"管道"的养护/195

⊙父母需要上岗证/197

⊙母亲的手是推动世界的手/202

⊙与孩子的战争没有赢家/206

⊙成长是贯穿一生的修炼/211

⊙寻找家长关注点与孩子需求点的匹配/215

第8章

亲子沟通"管道"的问答/219

第 1 章

亲子沟通 "管道" 的建立

人与人之间的沟通就好比市政"管道"的衔接。如果我们与他人的"管道"衔接对位，那么彼此的沟通关系一定是顺畅和谐的。反之，彼此的交流互动就会遭遇阻塞，陷入困境，甚至彼此受到伤害。

父母要尊重孩子

　　美国旧金山科学博物馆里有一个餐吧，人们可以在那里喝咖啡、可乐，还可以享受各类快餐。为了获得与当地家长、儿童更多的沟通机会，每次到美国我都会去那个博物馆，坐下来喝杯咖啡。有一次，我刚端着咖啡在一个圆桌前坐下，对面便坐下一个两岁多的蓝眼睛男孩儿，他妈妈很礼貌地同我打了个招呼，

李厚毅　绘

3

倪梓铭　绘

然后把餐盘放到男孩儿面前，我正准备和他们母子交谈，小男孩儿端起可乐一下子就倒进了爆米花杯中，爆米花漂浮在杯面，连带可乐直往外溢。"Oh, no, that's bad.（哦，不，太糟糕了。）"漂亮的妈妈用极其正常的语调轻轻地说了这几个词，起身将溢出的爆米花统统收拾进爆米花桶，转身扔进了垃圾桶，然后向点餐台走去。小男孩儿冲我耸耸肩，我问他："Are you OK?（你还好吗？）"他很认真地回答："Yes, I'm fine. But I am very sorry.（是的，我很好。不过，我很抱歉。）"说完，又冲我耸了耸肩。

　　这是一位很有智慧的妈妈，她抓住了与孩子沟通的关键：尊重。孩子不是故意的，他已经知道搞砸了，有了愧疚感，此刻家长应该给予安抚，让孩子的愧疚感尽快消失，所以这位妈妈控制了自己的情绪，既尊重了孩子，又在外人——我的面前保护了孩子的自尊。

建立亲子沟通"管道"的第一步就是尊重对方。生活中每个人都有属于自己的"管道"，而且这个"管道"有很多分支——情绪的"管道"、物质的"管道"、语言的"管道"、精神的"管道"、沟通的"管道"。在亲子关系中，不单有家长，还有与家长认知、经验、阅历、理解力完全不同的孩子，所以在沟通中处于控制地位的家长，在沟通前需要思考：自己与孩子沟通是因为一个什么样的事件？在这个事件中孩子的诉求是什么？自己与孩子进行沟通的预期是什么？自己希望给予孩子什么样的引导和启发？孩子能不能接收自己的信息或意图？

我在国内做家长培训时，经常给家长讲那个餐吧的故事，并向家长提问："如果是你的孩子，你会怎么做？"90%的父母的回答是这样的："干什么你，还吃不吃了！"10%的家长说会一巴掌扇过去。

这真是我们孩子的悲哀！殊不知，孩子受到了责骂或挨揍后，情绪瞬间就会产生，要么不开心，要么哭闹。如果家长此时不能很好地控制自己的情绪，冷静地处理问题，而是对孩子进行斥责或处罚，亲子沟通的"管道"就堵塞了，那么孩子会获得另外一种错误的经验：对错误或失误要大怒，甚至要采用武力解决。于是在今后的生活中，他们会不自觉地去运用这一经验，继而一代又一代地传承下去。因此，今天我们经常看到这样的情景：家长很喜欢训斥孩子，孩子很容易耍横。

如果孩子在事件中需要的是安抚（情绪"管道"），你给他的却是道德评判（精神"管道"），那么情绪"管道"和精神"管道"就无法有效对接，亲子沟通的"管道"就会堵塞！所以，面对需要安抚的孩子，父母"管道"流出的必须是安抚的"水"。在什么情况下，应该使用什么样的"管道"，这需要父母的智慧和不断的学习。

智慧妈妈

父母与孩子交流时，尽量坐下或蹲下，拉着孩子的手，用平视的目光注视着他，而不要一边忙于家务（比如叠衣服、洗碗、拖地等），一边跟孩子讲话。专注的沟通会让孩子觉得自己受到父母的重视，父母愿意专心倾听他说话。这样能给予孩子沟通欲望的激励，也有利于亲情的建立。

安抚，给予孩子安全感

一次在巴黎机场转机，当时已是凌晨两点多，机场旅客不多，大家都很安静地等待着。大厅里一个小女孩儿依然精力旺盛地跑来跑去，她看样子不过两三岁，正是好动的年龄。小女孩儿的妈妈满头金发，坐在我对面，伸出手，将跑动的女儿拦住，示意她安静，并让孩子看了看周围的人们。小女孩儿看到妈妈不让自己跑动，不高兴了，开始哭闹起来。出于职业习惯，我打起精神，开始观察这位妈妈如何面对并解决这个小事件。毫无疑问，这是一位智慧且有心的妈妈。她温柔地将哭闹的女儿抱在怀里，用手轻轻地抚触她的后背，一句话也没有说，刚才还在四肢乱蹬的小女孩儿，很快便安静了下来。

孩子的哭闹就是"管道"堵塞的常见表现。为什么沟通的"管道"会出现堵塞呢？因为家长的"管道"和孩子的"管道"是很不一样的！家长是成年人，对自己的情绪有一定的觉察力和控制力——情绪不好的时候能马上意识到并引起自我注意，做个深呼吸再冷静地思考接下来如何去处理。然而，孩子的心智发育还远远不成熟，还没有自己的判断能力，更不会控制自己的情绪和行为。孩子也会思考，但不会像成年人那样思考，他们只能是跟着感觉走——开心就会笑，不开心就会哭、会闹，会使用自己的"能力"来解决问题。

家长在疏通堵塞的"管道"之前，最重要的是——了解孩子的逆反期及其

7

表现，以便"对症下药"。2岁~3岁的孩子正处在第一逆反期：心理发展出现独立的萌芽（喜欢自己的事情自己做，一旦遭遇家长反对或制止，就会发脾气、顶嘴、哭闹）。自我意识逐渐形成，不过情绪控制能力还比较弱。在这种"顽强地想表现自我意志"与"教条式的成人规范"相抵触的矛盾下，"管道"当然会出现堵塞。6岁~7岁的孩子处于第二逆反期：理所当然地认为自己已经不是小孩子了，也不愿意家长把他当小孩子，所以总想挑战家长的权威，"管道"自然也总会被不良情绪所堵塞。

在了解了这些之后，家长就可以针对不同年龄段孩子的情绪问题，实施最佳的解决办法。比如面对第一逆反期的孩子，最有效的方式就是：安抚，给予孩子安全感。

那么，针对第二逆反期的孩子呢，就要用语言加行动了：面对面地沟通，循序渐进地引导，让孩子自己意识到自我的过错。家长可以等到孩子情绪平静下来后，跟孩子说："我们来谈一谈刚才发生的事情吧。"在一个相对轻松的环境中与孩子一起解决问题，或引导孩子自己解决，家长多一点儿耐心应该是可以做到的。

当然，如果是家长的"管道"堵塞了，那就需要家长朋友主动清理自己的"堵塞物"了。不过有一点很多家长都意识不到：所有的孩子都觉得自己不是小孩子！

在一次有20个家庭参加的亲子活动中，每当我发现孩子（年龄范围为2.5岁~3.5岁）自我介绍的名字和家长报的名字有出入时，我都会问"你喜欢我们唱欢迎歌给×××（孩子的大名）听还是给×××（孩子的小名）听呢（对孩子的尊重）"，孩子大部分都会说自己的大名。可见，孩子多么期盼自己长大啊！

所以，我非常期盼家长在亲子沟通过程中能够注意：在你们面前的，是一个年龄虽小却完全拥有独立人格和意志的人。

智慧妈妈

如果家长对孩子采取冷漠忽视或粗暴压制的态度，会使孩子的性格倾向于对人冷漠、孤僻、不合群，有时则有反抗、暴躁、执拗的表现。如果家长对子女态度亲切、讲理、民主，孩子大多情绪稳定、性格开朗、积极向上。可见父母为人处事的行为对孩子有潜移默化的作用。

别以"为你好"的名义为孩子做决定

一次去北京某幼儿园做培训，听说这样一个故事：园里有一个叫旺旺的男孩子，很喜欢音乐，而他的父母都是大学教授，只希望对孩子的早教与"智力开发"相关联，比如学习英语（家长给他请了外籍家教）、学习数学（在培训机构报班），而不赞同孩子学习音乐、舞蹈之类的课程。培训结束，碰巧碰到旺旺的妈妈，经过园长介绍我和她就站在园门口聊起来，孩子一个人在一旁玩耍。突然，我和她

刘子瑜 绘

都被旺旺的举止吸引住了，只见他两只手里各拿着一根小棍儿，很有节奏地敲击着树木、花池砖和幼儿园的铁门，嘴里振振有词："大象来了！"开始哼着低沉的音乐，手里的小棍儿击打出稳定的"木质"节奏；"猴子来了！"于是唱着欢快的旋律，木棍儿击打着铁门上粗细不同的钢管儿……我忍不住对旺旺妈妈说："瞧，孩子多喜欢音乐啊！是不是可以考虑让旺旺学习音乐呢？"旺旺妈妈最终没有采纳我的建议。

旺旺妈妈的表现就是亲子沟通"管道"单向流动的例子。在现实生活中，大多数家长对孩子总是居高临下，是家中的权威，是孩子爱好发展的决定者，是孩子发展方向的选择者。他们喜欢把自己的"管道"建立在上方，把孩子的"管道"放置在下方，水流从上往下，而不是平等地互通有无。家长下达的命令，孩子就得执行。比如，孩子周末想出去玩儿，家长说："马上要期末考试了，必须在家复习功课。"当孩子向家长表达自己出去玩儿的理由时，家长就会强硬地说：'我说过了，不行！"

众所周知，"水位"越高，水流自上而下的重力势能越大，而处于下方的孩子的"管道"就会出现高负荷承载，结果往往适得其反。沟通应该是你说我听，我说你听。双方相互叙说、彼此聆听才叫沟通。可是，在很多家庭沟通的"管道"中，"水流"是单向的。父母不停地给孩子"灌输""命令""讲道理"，而不管孩子是否能接收，更没有给机会让孩子的"水流"流入父母的"管道"中，这样单向的"水流"必定给沟通带来阻碍。

除了一些原则性的问题，很多时候需要平等地与孩子沟通交流。一年夏天，我们在社区举办了一个亲子活动，一位家长对他两岁的孩子说："开始了，快坐好，不听话老师会惩罚你。"孩子不高兴了，抬手就打起爸爸来。我见状马上对孩子说："京京好乖啊，老师非常喜欢京京。在爸爸前面坐下来，我们要听一首非常好听的歌啦。"孩子马上坐下，跟着音乐拍起了小手。

很多时候我们的家长需要把"长"字放下，与孩子建立平等的关系。虽然有些家长表面上认同"尊重孩子"的观点，而且自己也要求别人尊重孩子，可是在现实中，自己却总是下意识地"管教孩子"。与孩子沟通时"家长味儿"十足，支配权尽显无疑。

此时，亲子沟通"管道"已经错位、堵塞、单向流动。孩子的"管道"在哪里？流出来的是什么？家长完全不知道，结果势必出现相互对抗，冲突不断。所以，请家长不要以"都是为你好"的名义为孩子做决定，因为幼儿需要在他自己的世界里自由地发挥思考能力，调动全部力量成长。否则，孩子将会失去自信，情绪压抑，不仅影响身心健康，还会影响亲子关系。

智慧妈妈

有效的养育技能对于培养儿童正确的行为方式有着十分重要的作用。由于父母养育技能的缺失、父母角色能力的不足、父母不良的人格特征和行为模式等，都会给孩子的行为带来不良影响，如父母长期否认、拒绝等，可能会损害孩子的情绪控制和表达技巧，以至孩子常常采用直接的攻击行为来表达自身的愤怒情绪和内心感受；可能导致孩子的主动性和积极性受损，不愿尝试学习新经验，从而出现社交退缩、多动等行为问题。

每个周末开一次"家庭会议"

　　亲子的沟通"管道"对接上了，但是没有"水流"也不行。很多家庭中，亲子之间的情感流动不够。比如，父母工作比较忙，把孩子交给爷爷奶奶、外公外婆或保姆照顾，父母与孩子的交流太少。有的家庭随着第二胎的出生，父母把关注点都放在新生孩子身上，不自觉地忽视了老大。殊不知，人生来就是争夺爱的！老二的出生会让老大觉得有人来与自己争夺爱了，此时如果父母还不能特别关注一下老大，这个孩子的"管道"就会因缺少情感的流动而产生情绪。

焦子健　绘

焦子康　绘

　　所以，我经常建议一些家庭最好每个周末开一次"家庭会议"，爸爸妈妈和孩子坐在一起说说话儿，增进彼此的情感。这个"会"并不像单位的会议那样，要发布什么指示，布置什么任务，主要是培养孩子的民主意识，同时又是一个搭建沟通表达的平台，建立亲情的平台，增进管道情感流动的平台。"家庭会议"上每个家庭成员都可以说说本周自己的生活，比如爸爸妈妈可以说说在单位有什么重要的事情，家里有什么好事情，孩子可以说说在学校或幼儿园发生的趣事，和小伙伴之间的故事等，然后全家人再一起商量家里需要处理的一些事，别忘了孩子也是家中一口人啊。

　　在我的倡导下，身边有个朋友经常开"家庭会议"。她告诉我，有一次家里计划买车，就为这个事专门召开了"家庭会议"。孩子说："买宝马吧。"爸爸不同意孩子的意见，他望着孩子的眼睛说："咱们这次恐怕不能买宝马，得买捷达，因为咱们没那么多钱，等攒得再多一些钱的时候就可以买宝马了。"孩子歪着脑袋想了一下，说："那就买个QQ吧。"妈妈反问孩子："咱们买QQ谁开呢？QQ比较小，它的好处是省油．但是爸爸的个子比较高，坐不进去呀。"孩子又想了想说："咱们买荣威怎么样呢？"爸爸妈妈商量后决定买一部荣威汽车。朋友说，孩子每次坐车时都非常高兴，因为这部车是自己建议买的。

这样的"家庭会议"的议事过程实际就是亲子情感流动的过程，是建立亲情的过程，也是培养孩子沟通能力的过程。孩子不懂的时候可以给他解释，展示家长的一种沟通态度，孩子长大了自然会模仿家长的沟通态度去与家人、朋友、领导沟通。千万不能一下子否定掉孩子的意见："买什么QQ呀，那么小！"那样孩子会在"管道"里留存下如此这般的武断和强权，在他今后为人父母时，也会以这样的方式与自己的孩子沟通。

智慧妈妈

中国历来有严父慈母之说。现在的爸爸好像都在忙"大事儿"，家里的事妈妈管得多，而大多数中国妈妈也要工作，妈妈的压力一旦增大，就会对孩子失去耐心。这样，严父没有时间陪伴孩子，慈母的安抚也没有了，孩子的"管道"里自然会缺少情感的流动。所以，父母不仅要照顾孩子，还要学会去尊重和理解孩子。即使很多事孩子现在弄不懂，但他们通过与父母的交流，能够感受并逐渐理解尊重和民主。亲子"管道"的建立与维护就是在这个过程中得以体现的。

给孩子提供特殊
"管道" —— 艺术性表达

儿童很难了解自己的情绪，因为情绪对他们来说太过复杂和抽象。当孩子的情绪"管道"不畅通的时候，父母可以采用其他方式，让孩子借助其他"管道"表达自己的情绪。我在接受家长求助或帮助问题儿童时，使用得比较多的技巧就是给孩子提供一个特殊"管道"——艺术性表达（绘画、瓶偶、掌偶、面具偶、结构化故事等），帮助儿童辨识自己的情绪，表达自己的心声，最终掌控自己的情绪。

阳阳，一个4岁半的男孩儿，在某幼儿园中班，每天都表现得心神不宁，不是抓挠了小朋友的脸，就是把自己弄伤了。一天，我准备了两只空水瓶、一包彩泥、一卷双面胶和一些纸巾，同阳阳一起坐在桌旁，请他做一个"喜欢的自己"，一个"不喜欢的自己"。开始时我只告诉他瓶偶的头如何做，整个制作需要他独立完成，妈妈只能旁观。制作完毕，"喜欢的自己"色彩亮丽，脸部和身体都选择的是亮色彩泥，而"不喜欢的自己"脸色乌青，选用的是深紫色彩泥。

我问阳阳："你不喜欢哪一个？"

阳阳指了指瓶偶"不喜欢的自己"。

"为什么不喜欢他？"我又问。

阳阳无视坐在一旁的妈妈，直接回答我："他总是让妈妈生气。"

我问："妈妈生气了会怎样？"

"妈妈就会说狠话，还会打他。"阳阳用手指了指瓶偶"不喜欢的自己"的身体，示意妈妈会打他的屁股。

我又问："那他怎么气妈妈的呢？"

阳阳说："他特讨厌，妈妈不让他吃零食，他总是吃，有时还偷偷把零食藏到书包里带到幼儿园去吃。"

我问阳阳："妈妈为什么不喜欢他吃零食呢？"

"他吃了零食就不好好吃饭了。"阳阳毫不犹豫地回答。

我说："阳阳，他是你造的人，你得想办法管管他呀。"

阳阳反问我："那你说怎么办？"

我说："他是你的兵，你想想办法吧。"

阳阳说："那要不给他定个规矩，两天吃一次零食，一次只能吃一点点，妈妈让吃多少就吃多少。"

"那如果他做不到怎么办呢？"我进一步启发道。

"那就罚他不能看电视，"阳阳说，"或者罚他不能去动物园。"

我说："那就罚他一周不能看电视，一个月不能去动物园吧。咱俩一起监督好吗？"

阳阳表示同意，并与我拉钩儿。

我在使用瓶偶帮助阳阳的过程中，首先将阳阳的问题外化转移到了瓶偶身上，这可以保护孩子的自尊。在外化对话过程中，阳阳毫无顾忌地揭发瓶偶的种种不是，自己还找到了解决问题的办法。可见，我们只要根据幼儿心智发展阶段的特点设置对话语言，便能收到显著效果。

通常情况下，我会请家长在现场观察整个过程，希望能给家长带去一些教育启发和意外的训练。本案例中，如果妈妈能找到方法与阳阳沟通，以解决他吃零食的问题，而不是"说狠话"或"责打"孩子，阳阳就不会发生情绪"管道"堵塞，以至在幼儿园里去抓挠别的小朋友，因为内在的情绪必须有一个出口，否则孩子的身体就会"阴阳"失衡。

一个刚上一年级的男孩儿冬冬，每天早上起床磨叽，每天几乎都是踩着铃声进校门，家长找我求助。

我对冬冬说："请你画一张图，把你早上起床的困难告诉我。"

冬冬看着我说："嗯，不知道，我猜好像是因为晚上睡得晚，早上起床才困难吧。"

我说："我很想知道你晚上为什么睡得晚。请画一下晚上入睡的情况给我看吧。"

冬冬先停顿了一下，然后好像将注意力集中在内在经验上，他说："每天晚上都睡不好，满脑袋烂事儿。"

我提醒说："可不可以把那种感觉画下来？"

然后冬冬动笔作画，画出了一幅画儿（图 A）。

图 A

18

画完画儿，冬冬靠在椅子背儿上吐了一口气，说："每天晚上都特烦。"

"如果那时你想说话，你会说什么话呢？"在提问题的同时，我轻轻把画移到旁边，在他面前放了一张新的 A4 纸。

他马上就在纸上写了起来（图 B）。他写下"都走开！我想睡觉"几个字之后吐了一口气，好像又完成了一件事。

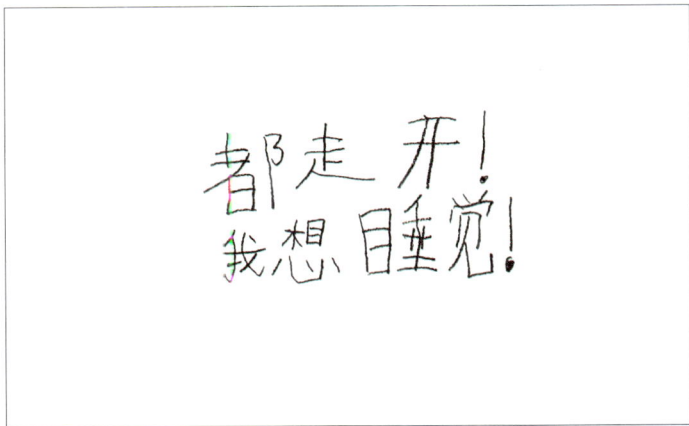

图 B

我把写了字的纸递给冬冬说："请把这句话大声念出来。"

他接过纸，念出刚才自己写下的字，但声音很小，很轻。我觉得他的声音和刚才写下的话在语气上有差异，于是我说："请再念一遍，这次要大声念呀。"

"哦，等一下。"冬冬在写字的纸上画了一个愤怒的自己（图 C），这时的他鼓足了勇气，大声念出："都走开，我想睡觉！"使他的内在经验符合他的想法和外在表达方式。之后深深地吸了一口气。

图 C

我把他的三个作品按顺序摆放在他的面前，他突然惊叫道："哇，原来我也可以把那些烂事儿统统赶走。"

"是的，而且我还可以帮你获得再多一些大自然的能量。"我让他闭上双眼，放松身体，对他进行了 5 分钟的冥想训练。冥想过程中，我使用大量充满正向力量的引导词，以期他从此变得强大起来。

冥想结束，我问："你现在有能力解决早上的麻烦吗？"我在他面前又放了一张 A4 纸。他很快画出了图 D。他表示从今以后，闹钟一响他立马坐起来穿衣服。

我曾将此技巧用于低幼孩子、不太善于表达的孩子的愤怒情绪管理、命名及处理自己的感觉和学校适应不良的儿童，画作的品质如何并不重要，重要的是作画过程中，儿童能把自己的感觉画下来，用视觉的方式具体呈现这些感觉，这才是借道而行的价值所在。

图 D

在亲子沟通这个问题上，我们家长使用的手段太本位、实施控制权太多，我们不妨尝试一些沟通的技巧和艺术，尝试丰富的表达方式，因为生命不是一个平面。

智慧妈妈

借道瓶偶这种方法，实际上是将孩子的问题进行外化对话。家长一般会认为，问题是孩子内在的问题，属于孩子自己，这种信念只会让孩子更深地陷入原本无法控制的情绪症状中。外化对话借由将问题客观化，为原本将问题内化的想法解套，也就是将问题与孩子进行切割：问题就是问题，问题不等于人。这样外化对话开启了许多可能性，让孩子内在的力量长出来，重新体验他们的生活。

焦子康 绘

亲子沟通 "管道" 的应用

当孩子"不听话"，孩子受挫或沟通失败时，家长应该如何安抚？其实，送给孩子最好的礼物就是一句好话！一句好话不仅能建立良好的亲子关系，还能影响孩子的未来。

语言是有力量的

一位妈妈告诉我，她在夜里10点多接到在老家度假的孩子打来的长途电话。电话接通后，孩子非常兴奋地大叫"妈妈"，而妈妈此时脱口说："都10点多了，你怎么还不睡！"孩子的兴致马上被妈妈的这句话打消了。后来，妈妈意识到自己在孩子眼里，可能是个扫兴的妈妈。

焦子康 绘

以前，我总认为英国人"虚伪"，因为我接触到的英国人总是和颜悦色，从不会当面指责人，即使自己很不高兴，也会用委婉的方式提醒对方。在英国生活时，我和一位英国朋友在一家泰餐馆用餐，那晚的菜品做得很不合我们的口味儿，没吃几口我们就不想吃了。当有服务员过来问"您对我们的餐食满意吗"时，朋友居然面带微笑地说："嗯，非常好吃！"等服务员刚走开，他对我做了个鬼脸

杨旭　绘

儿，小声说道："他难道没看到我们都没吃完吗？剩下这么多就表明根本不好吃，要是好吃早就吃完了。"我笑着问："那你为什么不当面对服务员说呢？"他说："那样会很不尊重人家。"现在想想，英国人的"虚伪"倒是一种能保护别人的

自尊、缓解沟通冲突、真正地换位思考的方式。

确实，生活中这样的"虚伪"能减少很多人际关系中的摩擦，因为我们都渴望被尊重和理解。我们每个人都喜欢听好听的话，无论是成年人还是小孩子。如果我们说话时，能考虑到对方的感受，用对方可以接受的语气和方式去说话，对方就会感到被尊重、理解甚至是肯定，沟通也就更加顺畅了。

很多家长不懂得尊重孩子的感受，经常会无意识地在语言上打击孩子，甚至有的家长与孩子的交流方式都是咆哮式的，不断地指责孩子。这种方式很可能导致亲子沟通不畅。这种情形，一方面与家长的受教育程度有关，另一方面也与家长原生家庭内环境稳定与否有关。随着家庭动力学的兴起，很多家长已经觉察到了家庭功能失衡的问题。

在一个封闭的家庭系统里，选择受制于僵化的结构。生活在封闭家庭系统里的孩子必须寻找自己在结构中的位置，并适应它，而不是让结构来适应自己。于是，孩子学会基于什么是适合系统的来做选择，而不是根据什么是适合自己的来做选择。尽管这种家庭的功能失衡，但这种模式还在一代一代地复制。我们今天教育的目的就是"去恶存善"，把不好的行为、不良的模式、不能带给人们幸福的做法统统摒除掉，把美好的传承下来。

家长送给孩子最好的礼物就是一句好话。一句好话不仅能建立良好的亲子关系，还能影响孩子的未来。

对于孩子来说，他们尚未形成清晰、完整的自我概念，他们对自我的判断主要来自他人的评价，这也就是心理学上说的"自我镜像"。他们对自己的评价，对事物的看法，以及价值观、世界观等都受到成人的影响。这就意味着，每个孩子都是被说大的。在孩子很小的时候，家长这样说，上学后老师也这样说，慢慢地，他们就认为这就是对的，就是真理，并且这种"真理"会一代代传承下去，等将来他们长大后有了自己的孩子，很自然地也这样说他们的孩子。

如果家长今天跟孩子说"你是猪啊""你这孩子真笨"，说的次数多了，孩子在潜意识里就真的认为自己很笨，受到暗示的影响，他们的言行也会朝着笨的方向发展，他们处理问题就会越来越不自信；相反，如果家长经常对孩子说一些正向的语言，孩子就会朝正面的方向去发展。比如我自己的成长就是这样的。

坦率地说，今天我对自己的评价很高。不管是做节目，还是与朋友聊天，我呈现给大家的都是积极、自信、正向的形象，可以说，这些都是我后天修来的，而我小时候并不是这样的。我有两个姐姐，小的时候，她们经常都叫我丑八怪。我是跟着外婆长大的。从外婆家到父母家坐公交车三站地的距离，外婆和我一般不坐车，都是步行去，一路上我们边走边聊天。

有一年的夏天，天气特别热，外婆带我去父母家。当时外婆手拿一把芭蕉扇挡着阳光，我们依然汗流浃背。到家后，妈妈赶紧切了一个西瓜让我们大家吃。西瓜切好了放在桌子上，我们几个孩子就围着一个小盆儿（放瓜子和皮用）蹲在桌子旁边吃。我是最后一个拿西瓜的，我从来不敢跟姐姐和弟弟争，我觉得自己没有他们优秀，无论吃什么都等所有人吃了我才敢去拿。尤其是在我二姐面前。那天二姐去拿第二块瓜回来时见我蹲在那里没有动静（也许她觉得我的这种表现是对她不够尊敬），于是就冲我喊："丑八怪，（站）起来！"我马上就乖乖地让开。我也不知道为什么会这样，后来自己成长后反思，可能当时我是想用自己的乖巧博得父母的喜爱，而且认为自己是被父母送出去的孩子，他们根本就不爱

杨沐恩　绘

我，而如果他们看到一个出众的我，也许就会接纳我。

那时我一直认为自己就是一个最丑的女孩儿，而我的两个姐姐都比我漂亮。同时，我又是个不服输的女孩儿，在潜意识中我对自己说：我一定要优秀，比两个姐姐都优秀，让父母刮目相看，总有一天让他们认可我。尽管父母爱两个姐姐多过我，但最终他们还得指望我。于是，我就用学习和成就弥补我的不漂亮。我经常告诉自己，人的内在力量才是最重要的，所以我现在看人也不会只看外表。

还有一次，我骑自行车带外婆去她弟弟家，当时我比自行车高不了多少，外婆要先坐在后座上我才能开始骑行，如果我先骑上车，年岁大的外婆是无法坐上后座的，就这样我驮着外婆骑行了 20 几里路。路上，外婆又一次说出那句影响我一辈子的话，她说："咱们家的孩子，只有你是干大事儿的。以后啊我只能指望你了！"这句话就像在我心里扎了根儿一样，给予我莫大的心理暗示，并激励我一直不断努力——我知道外婆的这句话一定会应验的。

在后来的几十年里，我一直觉得自己是干大事儿的。可以说当年外婆的这句话在我潜意识中打下了较深的烙印。每当碰到不讲理的人，我会静静地聆听，等他一说完，一转身我就会对自己说："我是干大事儿的，才不和你计较呢。"烦躁、不快瞬间烟消云散，内心静如止水。包括我今天做项目设计的时候，也总是首先考虑利国利民，考虑项目对社会的价值，考虑怎么有利于社会的进步与发展，考虑怎样能够推动行业的进步，从来不会先想自己怎么挣钱，可是我今天活得也

周照杰　绘

30

不错。我外婆还说："拉别人的孩子一把，自己的孩子长一拃。"在那个大院里，我和外婆要是做了什么好吃的，就会给全院的孩子送去。有一次，送到最后我与外婆都没饭吃啦。那时的我和孩子这个词就有了联接，所以后来我从事了儿童教育。外婆还常说："人在干，天在看。"所以直到今天我都不敢有任何不诚信的行为，不文明的举止。心理学认为，一句话说过 16 次会进入潜意识。

自己的经历让我坚信，家长给孩子的最好礼物就是一句好话，当年外婆的一句好话激励了我半个世纪。其实，孩子就是被"说"大的。

在专业学习中我更坚信，语言是有力量的！一句话可以托起一个孩子，一句话也可以把一个孩子打入地狱。

智慧妈妈

学龄前儿童开始形成性格。儿童与家庭成员之间的关系是否良好，父母采取的培育方法是否妥当，决定了儿童的性格特征。如果父母和蔼可亲、鼓励向上、正确培育，则易于引导儿童形成自强上进、活泼开朗的性格；如果儿童经常受到训斥、责骂，则易于形成焦虑、内向、违拗的性格。

早上好！你好乖啊

在亲子沟通中，安抚技巧起着很重要的作用，能解决很多问题。当遇到孩子有情绪、哭闹、跟你对着干等情况时，如果家长懂得一些安抚的技巧，避免对孩子大吼大叫，问题就能得到很好的解决。

一般来说，安抚有正负之分，正向的安抚传达良好的信息，并使人感觉熨帖；负向安抚传达不良的信息，使人不愉快。但安抚是否有效取决于被安抚者自己的决定：本人是否接受。比如妈妈赞美孩子，但孩子不接受给予的赞美，这个正向安抚则无法产生作用。同样，如果爸爸痛骂儿子，儿子不接受时也不一定会造成不愉快。

靳琪遥　绘

32

安抚又可分为有条件安抚和无条件安抚两种。有条件安抚是有目的的，比如孩子要中考了，妈妈对孩子说："你考100分我就带你去看大海。"而无条件的安抚就是一种无所求、无目的或没有理由的肯定了，比如小朋友来到幼儿园看到老师问好，老师则回应说："早上好！你好乖啊。"

将有条件安抚和无条件安抚搭配起来，有以下四种组合：

1. 无条件正向安抚；

2. 有条件正向安抚；

3. 有条件负向安抚；

4. 无条件负向安抚。

无论是成人还是孩子，最喜欢的永远是无条件正向安抚。比如，父母对孩子说"无论发生什么，我们永远都支持你""爸爸妈妈永远爱你"等；妻子对丈夫说"你是世界上最棒的男人，嫁给你，我才知道什么是幸福和幸运"。此时，你对对方的承诺和肯定是没有任何条件的，是由内心自然而然生发的，当然对方会愉快并欢喜。

有条件正向安抚，是人们可以安心遵循的一种安抚方式，可以使人觉得非常有安全感。生活中，人们经常会无意识地用到有条件正向安抚。比如，妻子晚上10点想吃冰激凌，发现冰箱里没有了。她想让丈夫去给自己买，于是对丈夫说："晚上10点给老婆买冰激凌的老公是世界上最棒的老公。"妻子对丈夫的称赞有一个条件，那就是丈夫去给买来冰激凌就是最棒的，不买就不是最棒的。父母对孩子有条件的正向安抚就更多了。比如父母经常对孩子说 "你要是听话，我就喜欢你"，孩子会想，如果我不听话妈妈就不喜欢我喽。再如，家长说"如果你比赛拿了第一就给你奖励"，孩子会想，如果我不拿第一，什么奖励都没有，真没劲！我曾收集孩子"最不喜欢听爸爸妈妈说的 10 句话"，其中一句就是"你要是考了 100 分，我就给你买……"

有条件负向安抚是指如果你做了什么，就要承受相应的惩罚，这是人们不喜欢的一种安抚，会使人觉得非常有界限。比如"你要是不好好做作业，就不许吃晚饭""你要是不听话，就不许出去玩儿"等，这也是孩子不喜欢的话语句式。

人们最不喜欢的安抚方式就是无条件负向安抚，这是千万不能用的，尤其是对孩子。比如"我不喜欢男孩子（你）""你就是个笨孩子"等，孩子就会觉得怎么做自己都不被喜欢，无论怎样，父母都不爱自己。这种交流方式会让孩子形成自卑、不接纳自己等个性。

以上四种安抚方式中，父母应当多使用无条件正向安抚。这样孩子会更加努力，做最好的自己。如果家长对孩子总是挑毛病，孩子的毛病就会越挑越多。有一位妈妈经常打女儿，女儿被打压得都不敢抬头，与人讲话时都会低着头，看人也是低着头眼睛向上翻，她的内心该有多么不自信啊。后来经过我们的入户帮助，妈妈不再打女儿了，并主动发了几次邮件给我。她在一个邮件中这样写道："李洁老师说'一个孩子小时候得不到正向安抚，一生就会活得很辛苦'，现在我深深地体会到这一点，因为我就是从小被父母打大的孩子，现在我不能再打我的女儿了，如今她已经慢慢地敢说话了。"

很多家长对孩子耐心不够，看到孩子所做的事情没有达到自己的预期，就会心烦生怒，指责孩子。其实孩子做不好也没关系，多给他一些正向的鼓励，要比冰冷的指责、生硬的说教强多了。

赵欣艺　绘

比如我的孩子很小时，我就鼓励他做家务。他当然有做不好的时候，我几乎不指责他。只要他做了，我都会加以鼓励。他第一次自己刷鞋子时，费了很大的劲儿刷完后就晒了出去。我看他刷得不够干净，就快速地把鞋子拿进卫生间偷偷又替他刷了一遍，再放回到阳台去，并且在鞋子外面贴了一层纸巾，这样鞋子边缘就不会发黄了。等鞋子干了，他收回来时很得意地在我面前说："妈妈，看，我刷的鞋子多白呀！"我马上说："你太能干了！你真是独一无二的好儿子！"接着，我告诉他："你看它为什么边缘不黄了呢？因为妈妈帮你贴了一层纸巾。"下次，他刷完鞋子，自己就知道还要贴一层纸巾在鞋子外面了。在我的鼓励下，儿子很小就能帮我做一些家务，3 岁洗自己的小手绢、小袜子，6 岁开始拖地、洗碗……

所以，好孩子是夸出来的。多使用无条件正向安抚，孩子会更有安全感，同时增长能力；使用有条件正向安抚，可以使孩子明白，一切都要靠自己的努力才能获得；偶尔用一下有条件负向安抚，会让孩子懂得人生规则。无论父母多么不开心，千万不要对孩子使用无条件负向安抚。一个小孩子得不到安抚会死去（二战后孤儿院婴儿集体死亡事件），一个人小时候得不到正向安抚，一生都会活得很辛苦。

智慧妈妈

人是社会性动物，需要依赖与他人的接触，以获得安抚。每一个人无论是生理或心理的需求都需要得到满足，沟通分析学的创造者艾瑞克·伯恩曾经用"刺激的饥渴"来形容这种需求，因此安抚包含了身体的接触，语言的、非语言的反应。人的幼年时期，身体的接触是一种重要的安抚，孩子会因为拥抱而感到安全和舒适，所以给第一逆反期孩子的最好安抚就是胸对胸的拥抱。

随着年龄的增长，刺激的饥渴转换为被认可的饥渴，同时因为身体的接触不一定被社会认可，所以就加入了一些其他的方式，如以微笑、表情、手势、措辞、语气、语调及各种行为表示认可，于是被认可的需要便是最重要的安抚了。

微语言：肢体安抚艺术

在社区亲子活动中，我常常看到有些孩子怕生不愿参与活动，而家长总是向前推孩子，嘴里还不停地说："去啊，人家都过去了，你怎么就这么发憷。"如果孩子继续向后退缩，甚至往家长怀里钻，家长还会打孩子，并说："你真是不听话。"然后孩子开始哭闹，家长就使劲儿向外推搡孩子，越是这样，孩子越往家长怀里钻，有的家长甚至忽略了自己是在社区集体活动中，竟失态地冲孩子大声呵斥："不许哭！讨厌！你真会磨人！"每次看到这种情景，我都非常难过，内心会有一个强烈的冲动和愿望："我们家长需要接受培训。"可是，中国家长大多不愿意交学费去学习如何做家长，于是，家长的权利和资质就来自儿时从自己父母那里获得的教子经验以及后天自己主观分析得到的"理论"。

在孩子受到挫折的时候其实你什么都不用说，仅仅上前给他一个拥抱，拍拍他的肩，摸摸他的头，就会达到此时无声胜有声的效果。

当孩子哭闹的时候，他最需要的是安抚。如果方法正确，孩子会马上安静下来；如果不正确，他的情绪还会持续一段时间；如果双方安抚"管道"都出现堵塞（如上面描述的情景），双方的情绪会急剧恶化，亲子关系一定出现"雷阵雨"。

安抚除了语言上的，还有肢体上的安抚。比如孩子需要妈妈帮助拿件东西，正在打电话的妈妈总会敷衍地说"等一会儿，等妈妈打完电话拿给你。"可孩子会继续摇晃着妈妈的一只手或扯着妈妈的衣角不停地叫喊"妈妈，妈妈……"，而妈妈觉得孩子没有眼力见儿，很不懂事，不理解妈妈的境况，烦躁时难免会甩出几句伤害孩子的话语。究其原因，这其实不是孩子的错。因为妈妈给孩子的语言是一个指令，而不是安抚。妈妈可以在打电话的同时，给孩子一些肢体上的安抚，孩子的情绪会被梳理下去，内在转为安宁，整个人便会马上安静下来。

人与人之间的交流，除了语言，还有很大一部分是通过非语言进行的。比如我们的肢体动作、面部表情等。平辈之间、长辈与晚辈之间、关系亲密的朋友之间都可以进行肢体安抚，这也可以称作微语言。

有时候，肢体语言能快速拉近人与人之间的距离。只不过不同的人、不同的目的，肢体语言的方式不一样而已。比如，孩子哭闹的时候，家长一般都会用双

乔祈涵　绘

手拥抱孩子，拍拍孩子的后背，同时辅以语言表达"好了好了"。事实上这并不是安抚的动作，而是制止和命令，拍是"stop（停止）"的意思，意即告诉孩子"别哭了"；"好了好了"是"enough（够了）"。当孩子被拍的时候，他的情绪并没有出来，反而压制了他的情绪。正确的动作应该是，蹲下来，胸对胸地拥抱孩子，这样能给孩子带来安全感，同时用你一只手的手心，对着他的脊椎骨，由上而下，单向抚摸。这样能马上安抚孩子的内心，不必说太多，甚至一个字都不用说。此时的孩子情绪得到梳理，马上就安静下来了。

可能是因为人的直立靠脊柱的支撑，而脊柱骨的背面是一条人体中很重要的脉——中脉，这种抚摸的动作能给孩子入心的安抚。此外，家长也可用手单项由前向后抚摸孩子头顶部，还可单项抚摸脸部，但是脸部分左右，需要知道孩子哪一边接受信息就抚摸哪一边。一般来说，70%的人是左侧接收信息，所以我们一般在安抚孩子时会先抚摸几下孩子的左脸，然后再抚摸几下右脸，孩子说哪边舒服，他就是哪边接收信息。

2013年11月，我到美国开会，会后去当地一家很有名的幼儿园参观。当我与园长在门口说话的时候，有一位家长送孩子进来，因为着急上班，所以把孩子放下就走了。孩子不愿意，就一直哭闹。园长马上蹲下身子去安抚孩子，不停地对他说"good boy""no crying"，孩子仍然大哭不止，园长有些束手无策。我见状，走过去把孩子胸对胸地拥抱在怀里，并用右手心对着他的后背脊柱骨，由上而下地轻轻抚摸，孩子马上就不哭了。园长说："你好厉害哦。你给他做了什么？"我说："我只是做了一个简单的安抚动作。"

除此之外，父母还有其他的肢体语言也能安抚孩子，比如一个充满期待的眼神、一次充满爱意的抚摸。抚摸和爱的眼神是我们能给孩子的最有力的支持。通过触摸他的头部，轻抚他的面颊，轻吻他的小手，把他搂在怀里轻摇，这些肢体安抚的动作都会把你的爱和关切直接送入他的心田。

我在社区常看到有些妈妈对孩子不打不骂，但她们瞪孩子的眼神，也让孩子收到了那个不舒服的负向安抚。一次，两位妈妈交流育儿心得，一位妈妈说，"我对孩子很不耐心，很多次都控制不住自己打他！"另一位妈妈说："我就可以变相地表达我的愤怒。"我听到后问："你是怎么做的？"她回答："我就咬着牙，笑着对他说话。"我笑着说："你这个动作还挺难的。"妈妈的表情是笑的，可声音是恶狠狠的，因此，孩子也能感受到妈妈对自己的愤怒。

从心理学看，父母一定要与孩子有足够多的肌肤接触，一定要多拥抱孩子，这实际上是亲情的基础感情，没有身体的接触，就没有情感发生，情感不是虚幻缥缈的，所以一定要有非常多的接触才有更多的情感。

智慧妈妈

语言是人的天赋。孩子不但能听懂成人的话语，而且能够读懂成人的身体语言。当家长烦闷时经常给予孩子不友好的动作，幼儿会认为自己让家长很苦恼，令家长很讨厌。因为0岁～6岁的孩子不能够从想象中辨别现实、从虚构中识别真假。

请让你的恐龙吃午餐吧

正向安抚每个人都喜欢，但对于有的孩子来说，由于家庭成员给予的负向安抚太多，在有些时候正向安抚可能就不太管用了。不管家长怎么安慰、怎么抚摸，孩子都不吃这一套，这个时候要怎么办呢？

有一个叫瑞瑞的中班小男孩儿，在别的幼儿园被劝退后家长向我求助，在接了这个个案后为矫治方便，瑞瑞进入我们幼儿园。入园初期，这个孩子真是个十足的"小魔头"，他的反叛行为几乎让老师无所适从，有一位老师就因为他而辞职了。一次他同这位老师在硬对硬的挑战中居然用头去顶撞老师，致使老师贴墙而立，两眼含泪，不能动弹（幼儿园有规定，不能对孩子有任何攻击性的肢体动作）。后来老师觉得委屈，实在受不了这个小朋友，就辞职了。

瑞瑞经常在班上"大闹天宫"，让老师头疼无比。老师怎么说他都不听，在教室捣乱，搞破坏。特别是午休的时候，他一会儿大吼大叫，一会儿朝着小朋友做鬼脸，一会儿在地上爬来爬去，让整个睡眠室无法安静。当班的老师只好把他送到小睡眠室（小睡眠室是专门给睡眠不好的孩子准备的，以免个别孩子影响其他孩子的休息）。

在活动室瑞瑞仍然有各种小动作，不能正常同大家一起参与主题活动，老师又只好陪他到自然观察室玩儿（自然观察室里面放了很多小动物模型、蔬菜模型、

赵欣艺 绘

洗衣机、熨斗等，供孩子们做观察和体验生活）。我发现瑞瑞在那里玩儿得很安静，于是就进去同他聊天。在聊天过程中，我发现他其实很明白事理。比如在游戏结束的时候，我让他按我的指令把刚才玩儿过的物品归还原处，他都照着做了。后来我牵着他，让他回班级，他也完全服从。由此，我发现，瑞瑞这些捣乱的言行并不是自己不能控制，而是有意为之。

几天后，老师又到我这里报告，说瑞瑞让她不知道该怎么办了。原来，瑞瑞这天大闹的主题是"恐龙"。平时他特别喜欢恐龙，他的书包里总有一些玩具恐龙，他也特别爱看恐龙方面的图画书。上课的时候他不愿意听课，嘴里不停地说恐龙的一些事，还在黑板上画了几只恐龙，并要求小朋友都跟着他一起画。

老师转换活动要擦掉黑板，他便躺在地上大哭，持续了 10 分钟。老师上前扶他起来，他就在地上爬来爬去，还告诉老师恐龙是这样走路的。午睡的时候，他又开始学猫叫，甚至把荞麦皮枕头都撕破了，荞麦皮撒得遍地都是。这时候老师给他讲好孩子的故事，不起任何作用，他还会挑衅老师的耐心。老师很严厉地制止他，他反而安静下来了。

　　这其实就是瑞瑞的沟通"管道"和老师的没有无缝对接。经了解，瑞瑞由奶奶照顾得比较多，在家的时候奶奶与他的交流模式几乎就是吆喝、吼叫，他已经习惯了这种模式。一个孩子接受正向安抚多，如果你给他正向安抚，马上就会有效果，但是如果一个孩子收到的负向安抚太多，给他正向安抚时，可能就不太有效。

杨沐恩　绘

瑞瑞就是这样。家长的养育方式造成了他的坏脾气。他的父母各有一家公司，平时比较忙，疏于照顾他，把他交给奶奶看管。强势的奶奶在家习惯给他负向安抚，到了幼儿园老师好好跟他交流说"你真是个乖孩子""你一定能做好"就没有作用了。所以，我们一直强调：一个在负向安抚中成长起来的孩子，当你给他正向安抚不管用的时候，就有必要来个"双管齐下"。

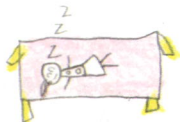

代晶晶　绘

　　后来又有一次，在吃午餐的时候，瑞瑞又不让大家吃饭，因为他的恐龙没有吃饭。看见老师给小朋友发餐，他就打老师。最后，忍无可忍的老师把他的恐龙扔在了地上，他就号啕大哭："我养他这么大，容易吗？"（很像他奶奶的语言）老师对他毫无办法就请我去处理。

我走进教室，很严肃地对他说："瑞瑞，把你的碗拿过来，你的恐龙没吃饭，请你喂它吃吧！"见他站着不动，我接着说，"喂吧！恐龙没吃饭，你要喂它！"

"恐龙不会吃！"他小声地回答。

"你刚才不是说恐龙要吃饭吗？"

"他不是吃饭，他是吃草。"他给自己找了个台阶下。

"行！拿上你的恐龙，我们到楼下草地上，让他去吃草！"

我带着瑞瑞和他的恐龙来到户外游戏区的草地，说："请让你的恐龙吃午餐吧。"他听我这样说，就马上改口道："恐龙是假的，他不吃。什么都不吃！"

"你知道恐龙是假的，不会吃东西，那你刚才为什么不让小朋友吃饭呢！"他低下头一语不发，乖乖地返回活动室和小朋友一起吃饭。那顿饭他吃得非常安静，连那天的午睡都出奇地乖顺。

在接下来的一段时间里，针对瑞瑞的行为习惯，对他做了一些专门的训练，他的行为逐渐规范了起来。

智慧妈妈

处理孩子的问题，家长和老师要及时结合当时的环境，不能拖延。倘若昨天发生的事今天再来处理，就不会有好的效果，所以要遵循"即时教育"的原则。当然，与儿童沟通时，我们还应该选择一种方式，选择一种场合，选择一种心境，选择一种时机。

不要让孩子战胜了你的心理底线

8岁的小齐每周五放学后，爸爸都会送他到我办公室接受注意力品质的训练。有一个周四我接到小齐爸爸的电话，说他周五自己有安排不太方便，问我能否将小齐的课改为周四上。我说没有问题。

爸爸把小齐送到幼儿园门口后，打电话给我，我便下去接他，可是小齐在车后座上号啕大哭，怎么都不愿意下车。我问这是怎么了？爸爸一边单腿跪在后排座位上拉他，一边跟我解释说："今天的时间变动没提前跟他商量，所以他就不愿意过来。"

"听话，快点儿，李洁园长那么忙，别耽误她的时间了。你都来了，快点儿下来！"爸爸边拉他边跟他讲道理，可小齐就是不配合。

"我今天就不下来，你把我带走！"小齐开始在爸爸面前耍横。爸爸看拗不过他了，下车小声对我说："要不，我还是把他拉走吧。"

我说："这件事你管没管？管了就要管到底。你要不管，在来的路上就可以把他拉走，何必带过来呢！"

据了解，小齐被爸爸一接上车，就表示不愿意来这里，而且在路上一直都在哭闹。他说每周都是周五，为什么这周要周四。爸爸解释说明天工作忙，不能带他过来，所以才改到周四。小齐就是不理解。爸爸很头疼，又无计可施。

我继续说："你要是现在把他带走，下次他会跟你闹得更厉害，你要是着急办事，可以开我的车走。"于是我把车钥匙给了他，让他晚上再来接小齐。爸爸见我这样说，狠了狠心，就去开我的车。等他一走，小齐马上就不哭了，乖乖地跟着我下了车。

这时，刚好赶上幼儿园放园，人太多，爸爸的车没有马上开出去。小齐下来一看到爸爸，马上又开始哭起来，我就扶着他，并示意他爸爸什么都不要说，只当没看见。

小齐当天的训练很正常，他也乖乖地配合。后来，爸爸来接小齐的时候，我

与他进行了简单的沟通："今天是一个鲜活的案例，你一定要记住：不要让孩子战胜了你的心理底线。"当然我也告诉他，以后改时间尽量提前跟孩子商量，或提前告诉孩子，这也是对孩子的尊重。

"真是，以前从来没有过。"爸爸频频点头称是，并告诉我不久前发生的一件事：小齐喜欢上乐高课，比任何课都喜欢得多，所以家里就退掉了其他兴趣班，只保留了他喜欢的乐高课。小齐每个周日下午都去上课，但那个周日的下午他就是不去，问他什么原因，他就一句话："不想去，没情绪。"爸爸妈妈轮番做他的工作，妈妈说："那不行呀，老师都等着呢！"爸爸说："你这次不去，下次课程就赶不上了！"无论爸爸妈妈怎么讲，小齐就是不去上课。最终，妈妈只好说："算了算了，不想去就不去了！"那天他就没去。

我说："你看看，如果那天你们管下来，今天他就不会这样闹了。上次你让了他，今天就比上次哭得厉害。心理挑战就看你们俩谁先崩溃。"

小齐正处于第二个逆反期。这个时期的孩子，经常挑战家长的权威。家长要坚持自己的原则，不能无原则地让步，如果第一次让步，第二次孩子就会变本加厉。这其实不仅仅是一个原则的问题，还是一个让孩子明白很多道理的问题。首先，孩子报了课就必须去，这是一个守时、诚信的问题；其次，这个课程是孩子自己的选择，这又是一个对自己负责任的问题。

很多家长说孩子身上有这样的毛病，那样的问题，其实都可以追溯到家长自己身上。所以说，面对孩子，家长需要有原则。

曾有一位家长带孩子来我这里做注意力品质训练，我发现孩子还有一个更严重的问题，那就是缺乏责任感。三年级的孩子每天早上还让妈妈穿衣服，做事拖拉。出门前妈妈帮他把帽子戴好，把书包收拾好，作业妈妈给他记录。妈妈不认为自己有问题，也不觉得孩子在这方面有什么问题。后来我给孩子加了责任感的培养训练，三周后，妈妈对我说："现在孩子早上起床速度特别快。"其实孩子并不是不会做事，而是他动作一慢，妈妈就受不了，马上就自己动手去帮孩子。这就是家长在养育孩子过程中，不自觉地会出现包办问题。

我有一个朋友是儿科博士，也是北京一位有名的儿童行为治疗的专家，但"医不自治"。有一次朋友跟我聊天说："没办法，我对别的孩子能实施措施，但对自己的孩子下不了手。"我说："你怎么就认为这是'狠心'呢？你对别的孩子就不是'狠心'，对自己的孩子就是'狠心'啦？"他说所有的治疗方法对病人能用，对自己的孩子不能用。

我认为家长的爱心是有区别的，对别人的孩子也有爱心，那是一种大爱，对自己的孩子往往不是大爱，而是溺爱。

智慧妈妈

父母对孩子的教育态度，对儿童早期情绪和性格的形成有深刻的影响。溺爱和照顾过多会使孩子养成幼稚、胆怯、任性、粗暴、无责任心、社会适应性差、依赖性强的性格，这将影响他的人生。

妈妈管得太多，孩子就永远长不大

给孩子正向安抚，他会喜欢，但如果生活中给予的负向安抚太多，他就会习惯负向安抚，某天你给他正向安抚，他反而不接收。在安抚理论中，收不到的安抚是无用的安抚。平时喜欢讽刺孩子的妈妈，如果偶尔夸奖孩子，孩子仍然会理解为是在讽刺他。为什么有的孩子调皮，喜欢故意捣乱，有的孩子懂事理，愿意配合父母。这些都是家长养育方式的结果。

我有一位非常优秀的女性朋友L，她在工作上兢兢业业，取得了不少成就。她是做教育工作的，在教育理论上颇有一套，但当自己和孩子之间遇到问题时，她就束手无策了。

这位朋友当年赶上实施第一批计划生育。原先有一个女儿，在女儿12岁的时候，她已经40多岁了，因为某些原因她得到一个生育指标，生下了第二胎——一个儿子。这个宝贝儿子真是捧在手里怕掉了，含在口里怕化了，结果儿子稍大一些后就经常跟她吹胡子瞪眼。

儿子上小学的时候，每天都是L问老师布置了什么作业，因为儿子自己根本不知道写作业这回事，老师布置作业时他从来不认真对待，或不当一回事儿，这其实就是一个缺乏责任心的问题。作业是自己的事，为什么要妈妈问老师呢？其实，妈妈应该及早意识到这个问题，马上解决。可她每天都去找老师问作业，却没意识到正是因为她的这种"帮助"，更让儿子不把作业当一回事儿。

孩子没有考上高中，L托人把儿子送进一所好学校。可是孩子根本就不喜欢读书，天天逃课到网吧玩儿游戏，最终她只好把孩子送到部队去受教育。儿子到了部队，她担心儿子受苦，就给他寄钱和各种食品，这又让儿子养成了大手大脚的习惯。

现在儿子26岁了，仍然是妈妈的宝贝儿。每次和儿子在一起，L都会主动为儿子准备好一瓶饮料，因为她知道儿子从来不喝白开水。有一次与他们一起吃饭时我发现了这个问题，她连忙解释说儿子从小就不爱喝白开水，没有办法。我说，如果他小时候你不让他喝饮料，如今他怎么会非得喝饮料呢！

L在当地可谓是个女强人，也有一定的名气，她在单位呼风唤雨，脾气很大，唯独在儿子面前没有任何脾气。我非常理解她对儿子的深爱之情，但是爱是有尺度的，过了度就变成了溺爱。在原则性的问题上，做父母的不能轻易让步。

当然，这对任何一位母亲来说都是一个强大的心理挑战。倘若你这次让步了，他就会得寸进尺，下次还会继续迫使你让步，你若不让步，他就哭闹不止，你受不了他的哭闹，就又让步了……这样一次次下去，孩子会变得自我、跋扈，做人、做事没有底线。将来走入社会，人际交往也会面临很多问题。

许多妈妈总会说，"我要是不依他的，他就会一直哭下去，怎么办？"我不相信孩子会一直哭下去。他哭累了自然就不哭了，关键是家长要守住底线。今天孩子哭5分钟你让了步，下次他哭5分钟你不让步，他就会哭8分钟、10分钟，直到你让步。家长要说话算话，不能朝令夕改，开始说不行，后来妥协，孩子就认为家长以后每次都可以妥协，所以，一次比一次升级，直到你妥协。

王若涵　绘

　　L的儿子就是在妈妈不断的妥协中长大的。儿子从部队回来后，L又给儿子安排到一个国企工作，可是儿子每个月挣的钱完全不够自己花销，经常找父母要钱。终于有一天，爸爸觉得这样下去不行了，于是决定不再对儿子妥协。

　　那天，儿子又找爸爸要钱。爸爸说："可以！但你要给我打一张借条！"儿子第一次在爸爸面前拿钱受阻，很气愤地说："好！我再也不找你要钱了！从今以后咱俩就不再是父子了！"

　　之后，丈夫给L打电话找她评理，如此这般描述完发生的事情，没想到，L

的第一反应就是劈头盖脸对丈夫的一顿数落："你说说，你还像个当爹的吗？还跟孩子生气！"本来按常理，这件事就是孩子做得不对，妈妈完全可以借这个机会教育孩子，告诉孩子父母养育他并不容易，现在他已经上班了，不仅没有孝顺父母，还伸手向父母要钱，甚至还要断绝父子关系，这都是不对的。

丈夫的电话刚挂断，儿子的电话就过来了。孩子要到她那里诉苦，她反而很理解儿子的委屈，安慰并哄着儿子说："你以后要钱可以直接找我要，别向你爸爸要了！"

当 L 把这件事说给我听的时候，我说："你对别人的事情都想得很清楚，怎么到你儿子身上你就糊涂了呢？"她分辩道："他这么大了，又有不少战友和同事，有应酬就需要花钱嘛！"

我分析道："他现在遇到问题就找你解决，如果哪一天没有你了他怎么办？而且你的收入现在能满足他，可是你马上也要退休了，难道你打算用你的退休工资继续供养他吗？"

对于一个孩子而言，当妈妈管得太多时，他就永远长不大，心智不能成熟，缺乏责任感。20多岁了，再不学习独立真的就晚了。意识到问题的严重性后，L 表示今后不再给儿子钱了，让他自己理财，自己养活自己，而且把这个想法与儿子做了沟通。

又过了一段时间，儿子说要买一辆车。L 很想再"帮"儿子一次，来征求我的意见。我说："不能无缘无故地奖励他。车可以买，但是要有个合理的理由。比如在单位工作努力受到提拔的时候，这样能对他起到激励的作用。对他没有理由的资助，只会让他觉得想要什么家里就能满足他什么，而且刚说好不给他钱了，现在马上就要送一辆车给他，之前的约定岂不是一句空话？"最终，L决定不帮儿子买车了。

现在，L的儿子已经开始自己存钱，不轻易开口找父母要钱了，而且还在单位的一个岗位上做了负责人。

智慧妈妈

在孩子很小的时候，父母就需要有意识地培养他们的自立能力，孩子的责任感、同情心、道德感等也要从小建立。俗话说"3岁看大"，就是说透过一个3岁孩子的行为举止，便可以感受展望到这孩子将来会是一个什么样的人。更深刻地说，一个人小时候的行为习惯会影响他的一生。

"能够做李洁的儿子绝对是我的幸运"

对孩子该给予温暖的时候就要给予温暖，该严厉的时候就要严厉，这需要父母的智慧。很多人都说我这个妈妈太"狠"了，她们做不了，连我的母亲都说我是"后妈"，嫌我对儿子太"狠"了。以我的经验，在很多问题上，看似对孩子"狠"一点儿，其实会让孩子一生受益。

我对儿子的"狠"并没有让儿子记恨我，反而儿子把我当成很好的朋友。我与儿子有朋友之间的友谊。生活中我们就是朋友，但原则问题上我是妈妈，他是儿子。

我是一名教育工作者，更是一位母亲。儿子今年25岁了，研究生即将毕业。在我的记忆里，儿子几乎没有气过我，8岁之后学校的学习也从来没让我管过，完全是自己打理。上大学后，他一般每周回家两次，帮我擦擦地，洗洗衣服。上大学前，我们家的家务事也基本归他负责，我按每天的工作量给他发放工资（我从来不给儿子零用钱、压岁钱，上大学后每月给他500元家务劳动费，其他需要自己做兼职去赚取）。

也许我受外婆的影响足够深，也许从我的原生家庭看到了溺爱的结果。在我们姐妹三人之后，我们家里终于迎来了一个男生——我的弟弟。父母对他从小骄纵、溺爱，而如今事实是，我们三个女儿都比宝贝弟弟学习好、工作好、独立性好、孝敬父母好。当年外婆曾说"娇子如杀子"，所以，我对儿子的养育经验完全来自自己早期接受的外婆的教育，以及姐姐和弟弟接受的父母给予的教育的差异，结合我所学习的教育理论、心理学理论、哲学理论，使儿子从生命内在的力量来发展出自我成长和管理的能力。

我工作比较忙，一般回家比儿子晚。不记得从什么时候开始，我一进家，就听儿子说："妈，您先烫烫脚，我这就去给您热饭去。"接着就会把洗脚水给我端到客厅（可能是工作时站得时间久了，脚易肿胀，因此很爱泡脚），然后去厨房帮我热饭。很多朋友说："你这儿子真没白养。"也有朋友说："儿子就是你的作品，你可得把绝招儿传给我们。"

说起来我也没什么绝招儿，只是特别注重孩子的情商教育，并不怎么看重孩子的单科成绩。8 岁之前一切按我的计划进行，8 岁之后一切由孩子自己管理自己。当年家人说我对儿子太狠，朋友说我对儿子不像亲妈。然而今天，我笑了，儿子笑了，他们也都笑了。

儿子心里很清楚我的"狠"带给了他什么。在 2010 年我的两本亲子教育图书出版之际，他主动要求为我写后记，评价了我对他的影响：

很小的时候看着别的小朋友喝有色饮料，心里常想：那一定很好喝！看着别的小朋友吃零食，我很羡慕，常问妈妈："那个东西好吃吗？"等长大了一点儿，看着妈妈那么忙碌，常常在心里嘀咕：妈妈对她的学生比对我好。等再长大点儿了，我一点儿也不羡慕他们了，因为我会做饭，他们不会；我会洗衣服，他们不会；我会帮妈妈设计图书封面，他们不会。我很自豪，因为他们都不如我能干。

刘子瑜　绘

　　20 年了，我看到的妈妈整天都在忙，而且还很能说。我小时候，妈妈无论是拉着我走路，还是骑自行车驮我外出，都会不厌其烦地给我讲什么帝王传说呀，灰姑娘的故事呀。今天我都上大学了，一回家，妈妈依然会坐下来和我聊到半夜。当然，妈妈也听我说。记得上中学时有一次妈妈接我，一上她的车我就开始给她讲班上发生的事，接着讲我正在读的一个故事，等我们到了小区进了电梯，我还在讲。讲啊，讲啊，不知过了多久，妈妈说："怎么还不到啊？"我们俩一看，电梯纹丝不动地还在一楼停着呢，原来我们居然忘了摁电梯楼层按钮了。

　　这么多年了，妈妈在我的记忆里除了聊得多，就是玩儿得多。妈妈很喜欢和我玩儿，记得我6岁时妈妈教我打乒乓球，每个星期都要打，如果天气不好，我会担心不能去打球而不开心，妈妈会说："没关系，没关系，我们有办法，世界上没有解决不了的问题。"于是，她就在餐桌中间摆上一排磁带代替网子，餐桌就变成了我们的乒乓球台。妈妈和我游戏喜欢我让着她，大概我10岁的时候吧，一次和妈妈玩儿颠球（因为下雨，我们在室内用羽毛球拍颠羽毛球），妈妈输了，她却说："你是男生，得让着我们女生，帮我3条命吧。"我想：人家都说我是男生了，只能绅士点儿，帮她3条命喽。结果妈妈赢了，我输了。在家吃东西，妈妈也喜欢和我抢第一口，不管吃什么菜，或是吃冰激凌，她不吃，我也得让她咬第一口。

妈妈做事好像是一件一件地做，在我6岁时她教我打乒乓球，7岁时她教我下象棋，8岁时她教我打羽毛球。做家务也是一样，我不到6岁就开始洗自己的袜子、鞋子，6岁开始学买菜、洗碗，7岁开始学煮面，8岁开始学炒菜。有时候觉得妈妈对我真狠，一分钱都不会多给我，我的收入全部是我的劳动所得。有14年"家政工龄"的我终于长大了，上了大学，而且学的是教育，猛然间我明白了妈妈的"狠"。

其实，妈妈和我的玩耍在我的生命中是最给力的，每一个游戏今天看来都是她对我的有意识的教育，每一句好像无意说出的话语其实都是她对我的教诲。正是妈妈陪我玩儿的那N多个游戏才使我今天拥有了绅士气质，使我今天遇到问题时会积极乐观地去解决，使我懂得了孝道和如何为人。她陪我玩儿了多少，我今天就懂了多少。在大学学习了教育专业，才彻头彻尾地懂了妈妈的教育是如此地艺术，如此地重要，如此地潜移默化，如此地有境界，如此地给力！难怪她幼儿园的课程全是游戏化啊！

　　我长这么大，同学对我说得最多的就是："你真幸福，你从来都没挨过打。"我的确很幸运，妈妈没打过我，没骂过我，她就像一位好朋友伴我长大，她就像一位高明的导演，让我学会了不同的角色！她是一位成功的母亲，给予我的大爱成就了我的幸福人生！她就像一位无所不能的超人，成为我生命里的英雄！能够做李洁的儿子绝对是我的幸运。

　　全世界的家长都怀有良好的意愿去呵护孩子，并依据自己学到的东西尽可能做到最好。然而家长学到的东西多是来自自己的失败经验。美国心理学家萨提亚女士认为："孩子们希望改变父母的生存行为，但是常常失败。长大成人之后，绝大部分这类孩子会挑选那些与父母有着相同行为的人作为伴侣，并再次尝试改变他们。而在配偶身上的努力失败之后，他们又会尝试在自己孩子的身上实现这种变化。这反映出我们试图让别人来为我们自己的期望负责。"造成我们命运失败的，既不是我们的伴侣也不是我们的孩子，而是我们的父母。

智慧妈妈

　　梁启超先生曾经对母亲教育有过这样的评价：近可宜家，远可善种。可见母亲的成长是多么重要！因为母亲在家庭教育中、在孩子成长的过程中占据着重要位置。

打骂只会让孩子更叛逆

一次我到河北讲座时，有一位妈妈告诉我说，现在上初中的女儿跟自己的关系特别不好。原因是女儿小学时她曾打过女儿一次。其实，女儿一直都很乖巧，很规矩。那天打女儿是因为女儿偷了家里的钱。平时她都把钱放在房间的抽屉里，随时用随时拿。有一天她突然发现钱少了，了解后才知道是女儿拿钱去买冰激凌吃了，而且还请小伙伴们一起吃。她认为世间所有的坏行为中，偷东西是最不能原谅的。女儿的这种"偷盗"行为一定要受到惩罚。于是，在情绪激动之下狠狠地打了女儿一顿。如今几年过去了，她们母女的紧张关系似乎没有得到多少缓解。她没想到那唯一的一次打孩子会产生这么严重的后果。

这就是家长和孩子的沟通"管道"没有对接上。家长如果先了解孩子的情况，再讨论孩子为什么会这样做，就会避免亲子沟通"管道"对接不畅，沟通受阻。只有懂得了孩子的需求，才知道"管道"里流什么样的"水"合适，在孩子的需求上讨论和沟通后才会收到教育的效果。

无论是在平时的生活中，还是孩子犯错的时候，父母都有必要先跟孩子谈一谈，只有让孩子自己想明白一些道理，自己找到解决的办法，他们的行为才会发生改变。打骂的方式只会起到堵塞沟通"管道"的作用，让孩子更加叛逆。

从孩子的心智发展来说，两岁的孩子就已经可以同家长进行"谈话"了。这一点我觉得西方的家长就做得比较好。西方的家长每当遇到孩子有情绪或出现问题时，总是说："Let's have a talk!（我们来谈一下。）"而我们的很多家长会在潜意识中认为"你懂什么啊，小孩子一个"，说到底就是在父母心里，认为自己和孩子的人格是不平等的。

2015 年元宵节那天，我应邀给社区做一场"爱的语言"主题培训，活动现场我曾让在场的女性，每人写下六句话。先写下和丈夫闹别扭时说得最难听的三句话，然后写下管教孩子时说得最难听的三句话，最后对比这两组的"三句诨"，自己判断哪个更狠。

在场的人百分之百都说对孩子说的话更狠，这是我预料之中的事。的确，孩子还小，在家庭中是弱势者，但并不表明孩子没有人格。今天年轻的父母恰恰忽略了这一点，认为对孩子怎么说都不过分，好像孩子就是父母的一个物件。我经常听一些家长说孩子在学校被老师训斥了，老师不够尊重孩子，老师没有师德之类的话，而家长是否问过自己：我们尊重孩子吗？家长对尊重的标准好像不统一。一边说要尊重孩子，可当自己有情绪的时候，孩子所有的尊严瞬间就被父母剥夺，孩子的人格没有了，尊严也没有了，得到的只是劈头盖脸的指责和吼骂。这是一个值得家长反思的问题。

我曾接触过一对夫妻，他们因为一件事同时打孩子。刚上六年级的女儿，被父母打完后就不说话了。后来母亲来向我求助。我问她："你想要的是什么？狠狠地惩罚她一下，还是她将来不再犯同样的错误？你认为哪个更重要？"

六年级的女孩子，一只脚已经迈入青春期。这个时期的女孩子最突出的表现就是独立意识和自我意识的增强，她们不再像儿童时期那样完全依赖于父母，而是希望从父母、长辈的心理依存关系中逐渐独立出来，以自己的力量独立活动。她们常常对父母关闭心扉，希望得到社会与他人的认可。从心理发展这个角度来说，独立意识与自我意识的增强是非常必要的，如能顺利过渡此期，使心理健全发展，对于青少年建立自信和自尊将起着十分重要的作用。否则，他们将会向相反的方向发展。

这位母亲分辩道："她犯了严重的错误，难道我们不该打吗？"

邢佳睿　绘

原来是女儿撒谎了。那天女儿拿回英语试卷让爸爸签字。以前都是妈妈签字，那天她让爸爸签字。爸爸看着卷子很满意，对妈妈说："她今天英语考试了，98分。"妈妈当时没在意。吃过晚餐，她拿出女儿的试卷想看女儿的考题到底错在哪里。打开试卷一看，咦！怎么上次也是错的同样的地方？再仔细一看，原来这就是上次的那张卷子，女儿把妈妈签字的地方涂掉了，又让爸爸签了一次字。

当即，父母和女儿之间的家庭大战就爆发了。爸爸妈妈觉得女儿撒谎，品行恶劣，妈妈不由分说拉过孩子就打，女儿躲开，爸爸又把她拉回来继续打，爸爸打上面，妈妈拧胳膊。孩子从那天被暴打之后，就变得情绪低落，不说话了。

我对这位母亲说，从未成年儿童权益保护的角度来说，你们无权体罚孩子，不仅学校的老师不能体罚孩子，家长在家也不能体罚孩子。孩子是一个独立的个体，他们有自己的尊严，他们不是你们的私有财产。从生命的来源来看，每个人最初都是由一个精子和一个卵子组成的，所以，生命是平等的。你们只是他的父母，家庭角色不同而已。

那么，上述两个案例中两个女儿撒谎的根源是什么呢？经了解，给小伙伴买冰激凌的女儿是为了感谢同学帮她找到了丢失的课本；拿上次考试卷充当本次考试卷的女儿是父母对她有要求，六年级主科考试不能低于 90 分，这次她的英语考试偏偏是 89 分，害怕父母惩罚，才拿了上次考试卷顶替了这次的成绩。

如果孩子的行为没有满足家长的期待或犯了错，家长使用任何惩罚或强迫的手段，都不能实现自己的期待，因为惩罚只会激起孩子内心的抵抗，而且暴力只会滋生出更多的暴力。安抚需要接收才会生效，暴力没有人愿意接受，尽管家长用暴力惩罚的愿望是希望让孩子看到自己的价值观，以此控制孩子走向优秀。对此，我想说，父母需要问问自己，打骂的目的是什么？打骂之后是否达到了目的？我相信家长得到的答案一定是否定的，因为孩子做了错事，自己会有愧疚感、不安感，一旦遭到打骂，这只会让他们不再感到愧疚和不安，甚至产生对抗情绪。智慧的父母，恰恰可抓住孩子的愧疚感对他们进行教育。

生活中，有的家长会使用愤怒表达自己对孩子行为的不满，有的家长会使用肢体暴力表达自己对孩子的惩罚，其实这都是家长自己成长过程中有未被满足的需要。心中有真爱的人不会采用这种悲剧的表达方式。可悲的是，很多父母除了愤怒、骂人和肢体暴力，不知道采用其他表达需要和期待的方式。

其实，除了采取强迫手段和暴力惩罚外，还有一个方法——沟通，创造使每个人的需要都能得到满足必不可少的优质联系，这就是安抚。让孩子内心感受到父母的爱和关心，这种沟通与以强迫形式来解决与孩子的分歧的暴力沟通完全不同。

家长必须告诉自己，不管孩子做的与自己的需要是一致还是冲突，家长都必须使用安抚的语言与孩子进行沟通，让孩子以不感到羞耻、没有失去人格和尊严的方式表达自己的内在情绪。这是一种革命性转变，是把对孩子的行为以对错区分的语言切换成基于情绪需要的语言。无条件的爱代表着不管孩子的行为方式如何，他们都相信会从家长这里得到某种理解和安抚。

智慧妈妈

在对待孩子犯错的问题上，家长存在着两种极端。一种是舍不得责怪孩子，觉得孩子还小，大了自然就好了；另一种是对孩子高标准，严要求，一旦孩子犯了错定会遭到责骂，甚至遭受皮肉之苦，否则这类家长会认为自己放弃了价值观。

在中国，当孩子的行为不符合标准时，很多家长最先想到的是如何惩罚孩子，而不是如何安抚孩子。情急之下，他们干脆直接就出手打孩子，这样的教育方式往往得不到好的效果（我不反对对过失行为给予适当的惩罚，但不是肢体暴力）。

第 3 章

疏通亲子沟通 "管道" 的方法

成人的"管道"与孩子的"管道"构造是不一样的。幼儿不善于表达，其语言思维发展有一个过程，他们的表达方式与成人有很大的差异，需要成人给予正确的引导……

与孩子谈谈吧

　　有一位全职妈妈，她的丈夫与前妻有一个 17 岁大的儿子，现在她自己又有了一对双胞胎女儿。她感觉压力很大，但她情商很高，把家庭成员的关系都协调得非常好，有时候她、丈夫和大儿子一起带着双胞胎女儿来参加我们幼儿园在社区组织的亲子活动。

　　双胞胎姐妹中，姐姐像爸爸多一点儿，很文静；妹妹像妈妈多一点儿，很外向。一般活动过程中妈妈带妹妹，爸爸带姐姐。他们在家也有这样的分工，爸爸关注姐姐多一点儿，妈妈关注妹妹多一点儿，所以两个女儿的性格就有了发展倾向。

　　姐姐不喜欢说话，妹妹特别喜欢说话，有时候姐姐不愿意自我介绍，妹妹马上就站起来介绍自己。领手工材料的时候，一般也是妹妹先领，姐姐跟着去领。平时妹妹还喜欢欺负姐姐。

　　有一次，妹妹又抢姐姐的东西，妈妈就把妹妹带到另一个房间，让她坐在小椅子上说："咱们谈谈吧。"遇到任何问题，妈妈都喜欢和女儿"谈谈"，通过与女儿沟通把问题解决掉。这也让女儿养成了一个要"谈谈"的习惯。有时活动结束后姐姐已经穿好衣服了，妹妹还在独自玩儿，妈妈就催促妹妹该回家了。如果妹妹不想走就对妈妈说："我要谈谈！"

这就是非常好的"管道"沟通方式。语言是心与心相通的桥梁，能打开人与人沟通的大门。一个人的语言表达能力能够体现出他的情商，以及他的人际关系状况。然而，工作中我发现很多孩子不愿意与人交流，有小朋友主动与他玩儿，他会皱着眉头说人"讨厌"。孩子的这些言行往往来自家长，而很少有家长会意识到这个问题。

有的孩子会用语言表达自己的情绪，有的不会。前者比较好沟通，善解人意，不容易发脾气、哭闹；后者正好相反，容易哭闹、发脾气，且有攻击性，不合群。

有些孩子在幼儿园的玩耍中被人抓挠了一下，推搡了一把，家长就认为自己的孩子受了欺负，在幼儿园受气了。有的家长说自己的孩子特别老实，为什么一上幼儿园就要受气？是不是老师对他们的孩子有什么偏见或不善待他们的孩子？

其实，这些孩子并不是家长所说的那样"老实"，基本上都是他们先招惹别人。比如有些大班的孩子，完全具有了表达自己的能力，但他们不习惯用嘴巴表达，有的孩子想跟人玩儿但不说，却突然从背后把别人抱住，或拉一下别人，而对方不清楚状况当然就会给"招惹自己"的他一拳；有的小男孩儿喜欢小女孩儿，非要亲别人一下，但他不会征求对方的意见，抱着就亲一口，当然会被对方生气地推倒。他"挨打"后回到家就哭，而家长并不相信自己的孩子先惹事儿。

我曾经帮助一个社区家长团体解决过这一类的问题。家长都觉得自己的孩子委屈，当我把我在工作中接触到的个案讲述给他们听后，他们才了解到究竟发生了什么。是啊，为什么呢？这其实是一个人际交往的问题。这些孩子想跟别人一起玩儿的时候，或想使用别人的玩具的时候，不会用语言来表达自己的需求。

在一个课堂上，有一个孩子想使用另一个小朋友的铅笔，但他不说，也不知

靳琪遐　绘

道需要说"我能用一下你的铅笔吗"，他就不声不响地到别人的桌子上拿走了铅笔，甚至从别人的手中抢过正在使用的铅笔。这不仅是一个语言表达的问题，也是一个值得家长重视的文明礼貌问题。孩子不使用语言表达，想要什么自己就从别人那里拿取，这个习惯一旦形成，必然会影响到他将来的为人处世。

家长必须告诉孩子，别人的东西要经过主人的同意才能拿，不能随便拿。也许很多成年人都不认为未经允许随便拿他人的东西有什么不妥，他们认为我和你是好朋友、好同窗，用用你的东西算什么呀！别人的手机随便用，别人包里的纸巾随便拿。如果我和这样的人在一起我会感觉特别不舒服。如果有需要可以跟我说，我来拿给你，但不能直接伸手到我的包里取东西。这既是对他人权利的尊重，也是对他人的尊重。

家长不声不响私自查看孩子的日记，翻看孩子的书包都是不对的。妈妈总是这样认为，我是妈妈，我得知道孩子每天都干了什么，想了什么。而妈妈却不知道自己侵犯了孩子的私人领地，是不尊重孩子的行为表现。我儿子的房间我一般很少进，有时替他从阳台收衣服，我也只是把衣服放到他的床上，而不开他的柜子。这是对他的尊重。

　　有一句话说"小孩子只有耳朵没有嘴巴"，父母总是希望孩子多听，听大人的教训和教导而忽视了孩子的表达，认为等他长大了自然就会了，事实完全不是这样的。语言表达是一种能力，语言沟通更是一种能力，需要不断学习。为什么有的人说起话来自然流畅，思路清晰，能够很好地与人交流，而有的人说话条理差，让人不知所云。除了遗传方面的因素，更多的是与后天的学习和训练有关。

　　父母懂得语言沟通，孩子就能学会语言沟通。语言沟通是表达对某个事件的感受、需要和请求，而不是指责和评判。比如看到自己孩子和别的小朋友争抢玩具，家长可以说："看到这样的场面我很紧张（你的感受），我很希望小朋友之间友好相处（你的愿望），我们现在可以谈谈吗（你的请求）？"如果孩子在家里玩儿翻了天，你希望他安静一会儿，你可以说："听到这样的声音我非常紧张（你的感受），在经过一天的工作后，我真的需要安静一下（你的需要），你愿意给我这样的时间吗（你的请求）？"

　　我与家长沟通时经常发现，家长不会表达自己的感受和需要，常常是就问题发表观点和指责，比如孩子和小朋友争抢玩具，家长马上会说："再和小朋友抢玩具就别玩儿了，回家！"看到孩子闹腾，家长会说："你怎么这么闹啊，真烦人，安静一会儿好不好？"这些话都是命令，不是沟通，有谁愿意被迫接受命令呢？孩子听到命令的话语，只会产生内心的抵抗，还会觉得家长不理解他。

　　家长是孩子的行为示范者，如果想要孩子做什么，自己要先做到；想让孩子成为什么样的人，自己首先要成为那样的人。所以，孩子不会表达与父母的行为习惯有很大的关系，与家庭沟通"管道"的建立和沟通环境的建设有直接的关系。

智慧妈妈

遇事愤怒说明你不会沟通，没有得到你想要的安抚。愤怒说明你断开了你和自己需要之间的联系！我认为，充分表达愤怒意味着将我们全部的注意力转移到了我们未满足的期待上来了。转变原有的沟通习惯是一个艰难的工作。家长常说"为了孩子我可以做一切"，其实不需要做一切，只需学习一点儿沟通的技巧就够了。

家长如何面对
孩子之间的打闹

在一个小花园中，一位妈妈带着 4 岁多的女儿，一位奶奶带着 3 岁多的孙子，他们都在晒太阳。两个孩子在大人的看护下一起玩耍。不一会儿，小男孩儿就很用劲儿地去抢小女孩儿的小铲子，小女孩儿不干，推了一下小男孩儿，奶奶见状马上就上去帮忙。男孩儿还接着抢，小铲子砸到了他的手，小男孩儿哇哇大哭。奶奶伸手就要打小女孩儿，被妈妈挡住了。妈妈不停地向对方说对不起，可是奶奶就是不接受道歉，非要打一下小女孩儿才罢休。

妈妈觉得这个老人不讲理，急得不行了，给我打电话，说："她为什么要打我的孩子呢？我本来觉得很抱歉，现在我也觉得委屈，她要打我就跟她打。"

我说："你先做三个深呼吸，再问问你自己听到了什么声音。如果你还想打，那就再做三个深呼吸。你是一个受过高等教育的知识女性，你知道你此刻想给你女儿什么。"

她不太情愿地说："那好吧，你说不打就不打了。"

情感的自然功能就是刺激我们去满足自己的需要，而注意力的转移激发了愤怒。带着愤怒我们就无法了解需要，而这种需要会自然调动我们去满足自己的需要。而愤怒是由认为他人有错引起的，这种想法就将满足需要的能量转变成意在指责和惩罚他人的能量了。

72

孩子的表达形式是多样的，他们更喜欢或懂得用肢体来表达，但有时表达需要规范，家长需要教导孩子肢体语言莫出位。

有一个男孩儿，不爱说话，就爱动手动脚，在一次玩耍中他无意踢到另一个男孩子的生殖器，而且还很严重。孩子被送到医院后，小男孩儿的家人买了营养品前去看望并道歉，但受伤孩子的家长怎么都不接受。生气的妈妈正好是在菜市场卖猪肉的，于是提着刀就找到小男孩儿家里去了，吓得他们家人锁了安全门，整天都不敢出门。到了晚上 11 点多，小男孩儿妈妈给我打电话，问怎么办才好。

确实，孩子的肢体动作有时候会惹来一些麻烦，但我相信他并不是有什么目的，不会恶意地去踢伤别人。这反映出两个问题，一是孩子不懂得如何与人相处；二是家庭教育环境有问题。

孩子在学校或幼儿园的行为不规范并不是恶意的，尤其是低龄儿童，只是他们需要教育和引导。此时，我们可以耐心地告诉孩子，当他们这样做的时候，会给别人带来怎样的伤痛体验，并给他们提供一些榜样行为，进而使他们更好地表达自己，或用安全的、别人能接受的肢体语言来表达自己。

孩子之间的打闹其实是他们语言表达跟不上时的一种应激表达，也许出于"无招儿"，也许出于"自我保护"，只不过这种表达方式不能够被鼓励。当父母看到孩子和伙伴玩耍时喜欢动手动脚，应该引起注意，并要及时教给孩子一些表达方式以及游戏规则。然而遗憾的是，很多父母没有意识到这一点，他们把孩子的打闹当成一件"不让自己吃亏"的事来处理了。

父母要用语言引导孩子学会沟通，而不是教孩子如何用暴力解决问题。孩子的打闹本来就是一件稀松平常的事儿，他们正是在打闹中体验人生、成功、失败、孤独，学会交往、合作、团结……父母没有必要过分保护孩子，在有可能造成身体伤害的情况下，父母阻止即可，但不要为此结下仇恨，父母更不应为了保护自己的孩子"不吃亏"，或为了给自己的孩子"报仇"，而去打别的孩子。这种行为实际上只能对孩子起到负面影响。

我们渴望被包容、被理解，那么我们就得让孩子学会宽容、理解、分享，而不是计较、仇恨和暴力；我们希望孩子学会沟通，一旦发生了问题，家长就要以沟通的示范来影响孩子。但生活中，因为孩子打闹而引起家长争斗的案例时有发生，甚至我认识的一位是高校研究生导师的父亲这样教育孩子说："如果别人打你，你跟他打，回来我不打你；如果别人打你，你不跟他打，回来我还要打你。"在这样的指导思想下，很难想象孩子将来会是一个怎样的人。

智慧妈妈

愤怒是情绪处理中最肤浅的处理方法，有效管理愤怒的情绪才是高级表达。我推荐一个方法，不妨一试。

（1）深呼吸三次。

（2）聆听自己内在的那个声音，是怎样的评判使你愤怒，你真正的需要是什么。

（3）表达自己的感受。

（4）表达自己的需要与聆听对方的需要。

（5）清晰地向对方提出建议或请求。

父母要为孩子创造语言环境，让孩子的语言表达取代他的肢体表达。

别让自己的表达方式影响孩子

有一天我办公室的门被突然推开，一位爸爸拉着儿子气冲冲地闯了进来，劈头就质问："园长，您说我这孩子为什么老受欺负？"我有点儿摸不着头脑。经了解后方知，头天孩子放学回家，爸爸看到孩子脸颊处有抓痕，爸爸边说边把孩子的脸转到一边给我看。孩子挣扎着不让他碰，也不让他继续说，还小声地嘀咕："你找我们园长干吗呀，又不是园长抓的我。"

我看了看孩子的脸，确实有一道一厘米长的抓痕，便大致知道发生了什么事。的确，这个孩子一年来有两三次被抓挠，而且是被同一个孩子抓挠的，原因是两个孩子是好朋友，常在一起打闹，被抓的孩子不太善于表达，喜欢搂抱别人，另一个孩子更不善于沟通，动不动就动手，老师让他们分开坐，不一会儿他们就又凑在一起了。于是我对这位爸爸说："先让孩子进班吧，然后咱们沟通这件事，可以吗？"我认为有些事情最好不要当着孩子的面说。

"你放心，我们孩子非常懂事，没事！"爸爸觉得没必要让孩子回避。我仍然不希望孩子听到这些，便打电话让老师把孩子接走了。

孩子走后，我请这位爸爸坐下，给他倒上茶，然后说："看到孩子被抓，我很抱歉。您知道吗？他们两个是最好的朋友。昨天的事情具体的我不太了解，等我先了解一下，看什么原因……"

靳琪遐　绘

"你不用说了，我们家孩子特别乖。这件事他都不让我来，他非常懂事。"我的话还没说完，就被他打断了。

"嗯，孩子懂事还是您教育得好。"我努力地给家长安抚。

接着他又给我描述孩子的脸上受了伤，孩子经常在幼儿园受欺负的事情，最后问我怎么办？我说："可能就是小朋友在玩耍中的打打闹闹，大家都是好朋友，彼此都熟悉了，所以就会有打闹，也许没有您想的那么严重。要是您觉得不行，您看咱们要不要换一个班……"

"不行！"我的话刚说到这里，又被他打断，他立刻就翻脸了，并马上给孩子的妈妈打电话，让她别上班了，马上来幼儿园处理孩子的事。

于是，这个上午我就只能是陪着他等妻子过来。我试着跟他聊孩子的事，他只有一句话："你别跟我说，等他妈来了再说吧！"

他说不是换班的问题。我连忙解释："我只是说'如果'（其实我从不赞司换班，平时这两个孩子总是黏在一起，两个家庭关系也很好，我只是考虑是否可以把两个孩子暂时分开一段时间），如果您需要换班，咱们可以换班，如果您不愿意换班，当然不换班。"我这样解释，他还是不接受。

我不知道他究竟怎样理解我说的话，他说："今天我就跟你混着来。"见他这样的态度，我不知道面对这位家长，我们的沟通是否能够继续进行下去，于是我再次尝试跟他平静地沟通。我说："在您眼里，我李洁是不是一混蛋？"我这么一问，他看着我不说话了。我继续说："您要是觉得我是一混蛋，咱们今天可以混着来，您要是觉得我不是混蛋，咱们就坐下来好好沟通（我突然觉得这个家长原生家庭一定给他的负向安抚多些，我便使用了双向安抚，果然有效）。"

后来，孩子的妈妈过来，听了我的陈述，认为没什么问题，没说几句他们就走了。后来我在班上又做了进一步的调查，发现并没有哪个孩子喜欢欺负和专门针对他的孩子。当然，最后也没有换班。

家长的沟通方式会直接影响到孩子。这个小男孩儿就是前面讲到的不懂得表达，而习惯用肢体去招惹别人的孩子。所以他的家长会感觉到孩子经常受人欺负，而不会意识到是自己的孩子有什么需要教育和改善的行为。

后来我发现，这其实也是一个沟通"管道"如何对接的问题。当我提到"换班"时，刺激了这位家长的情绪，这并不是他想要的处理方式，也许他希望我主动向他道歉，或希望那个孩子的家长过来给他赔礼道歉。当时一方面我觉得孩子的打打闹闹很平常，没必要找对方的家长，小孩子记吃不记打，也许昨天打架了，今天一进班又一起玩儿去了；另一方面我也不了解前一天的具体情况，所以当时并没提到那个孩子和家长，只是根据前几次的情况心想也许换个环境对于这个孩子是一种保护。

这就是我和他的沟通"管道"没有对接上的原因。我未能满足他的需要。我当时想的是安抚、解释一下情况，驱散他的怨气，而他希望我和那个孩子的家长给他一个说法。我们的需求都没有对接上。无论与孩子沟通还是与成人沟通，"管道"对接是最重要的，否则，沟通没有成效。

由于工作的原因，30 多年来我和无数的家长成为了朋友，我觉得现在有一些年轻父母比较会表达和沟通，我也不断地向他们学习。有一个小男孩儿上课的时候特别喜欢来回晃，有一次他的牙齿磕到前面小朋友坐的椅子背儿上。第二天，家长就给我打电话，说想找我聊一聊孩子的事，我同意了，并问孩子的牙是不是被磕得很严重，她说不是。

第二天，家长过来后首先肯定了幼儿园老师在工作中的辛苦。她说："你们幼儿园的教育理念非常好，这也是我选择你们幼儿园的主要原因，但是我的孩子出现了两次类似的问题，前一次是在家里磕到了茶几上，这一次又是牙磕到了椅子背儿上。孩子出现这些问题，是不是我对他的期望值太高了，是不是我太焦虑了？是我不希望他有任何问题发生吗？"这位家长很会向内找原因，而且遇到困惑时知道找身边的朋友叙说，并向自己信赖的人征求意见，我非常乐意与这样的家长交流……

父母是孩子的第一任老师，孩子从父母身上会受到很多潜移默化的影响，包括语言表达以及人际交往。在我看来，一般人际关系不太好的家长，他的孩子也不太会表达；而沟通能力强的家长，他的孩子在表达上通常不会有什么问题。

智慧妈妈

沟通是为了有效地解决问题，满足自己的需要，当沟通双方的需要不能够被满足时，才会引起冲突。之所以我们生活中经常有冲突，就是因为我们不会表达需要。现在让我们一起学习沟通的原则吧：

（1）我们肯定自己，而不批评对方；

（2）我们表达感受，而不指责对方；

（3）我们叙说自己的需要，尽力理解对方的需要；

（4）我们请求对方怎么做，而不命令和强迫对方做什么。

与孩子讲话要注意语言的选择

　　孩子的模仿能力特别强，而他们还没有形成自己的判断和辨别能力，一般成年人说什么，他们都会相信，所以家长有必要注意平时给孩子"灌输"的内容，慎重选择自己在孩子面前的语言。

　　4岁多的果果是一个特别活泼的孩子，他很喜欢班上一位漂亮的小女孩儿蓉蓉，经常直接抱着小女孩儿就亲，可是蓉蓉不愿意，蓉蓉的家长也不高兴。我对蓉蓉妈妈说："小孩子之间的这种亲密举动，纯粹只是表达自己的喜欢，您不用

刘依珊　绘

刘依珊 绘

紧张。"同时我又对果果妈妈说，"果果喜欢蓉蓉没有什么不对，但我们要告诉他，亲别人需要征求别人的意见，喜欢也可以用语言去表达。"

有一次，果果又要去亲蓉蓉，果果妈妈马上就制止了他，说："别这样，你以后可以亲园长，不能亲你们班的小朋友。"妈妈没有意识到，果果的问题并不在于亲谁，而在于能不能亲。果果跑过来把小嘴贴在我的嘴上就亲，我马上笑着说："园长很喜欢你，也可以和你亲，但不能和你嘴对着嘴地亲，只有等你长大了和你的太太可以这样亲。"妈妈是个粗线条的人，听我这么一说，马上改口道："对了，园长不刷牙，以后不能嘴对嘴地亲园长啊！"

妈妈这样的说法让我有些尴尬，果果也当真了，之后果果只要一见到我，就会问："园长，你今天刷牙了吗？"

　　这位妈妈虽然解决了一个问题，却带来了另一个问题。在她的语言中，传递了一些负面信息给孩子。语言是有力量的，家长的每一句话都很重要。一句话可以托起一个孩子，也可以压倒一个孩子。果果妈妈跟果果说不能亲园长是因为园长不刷牙，他就记住了。

　　有一个叫小娜的3岁女孩儿，长得非常可爱。一次姥姥给她讲小美的故事听。她特别高兴又自信地说："我和小美一样美。"

　　姥姥当时随口说了一句："你美什么美，丑死了！"殊不知这句无意的话对小娜产生了很大的刺激。之后，她就不能听到姥姥夸奖谁的话，姥姥夸奖谁，她就去打谁，也不再跟被夸奖的小朋友一起玩儿了。

　　生活中，还有一些家长喜欢当着外人的面说孩子的问题。有一次湖南的一对夫妇带着儿子到北京求助，刚进我办公室，爸爸便开始说孩子："哎呀，他这个星期——"一听爸爸要把自己的糗事说给我听，孩子赶紧拉爸爸的衣角，爸爸仍然没意识到有什么不对，反过来问孩子："怎么了，还不让说？"家长当着别人的面数落孩子，给孩子压力，目的是希望通过这些压力让孩子下次更努力，可是效果并不理想。

　　还有一位妈妈带着6岁的儿子求助我帮助做注意力矫正训练，我要先了解一些情况，于是叫助手带孩子去钢琴室练琴。孩子走的时候推门探身看了妈妈一眼，妈妈马上没好气地说："看什么，李园长正想办法治你呢！"我听了心里很不舒服，再看孩子，扭头就跑啦。是啊，谁愿意被"治"呢！孩子希望能够去做某事是因为他们选择去做，而不是他们被迫去做。

孩子和家长一样有自尊心，他们也希望自己在别人眼里是优秀的，体面的，被认可的，一些不好的事情不愿意让太多人知道。比如有一个男孩儿一次考试没及格，他希望爸爸妈妈替他保密，谁都不要告诉。可父母偏偏不理解孩子的这份心情，硬是把孩子的事当笑话儿一样到处讲，让孩子感觉很没面子。家长平时说得最多的是尊重孩子，可一到这个时候对孩子的尊重就没有了。

家长的语言，随时都能影响孩子。你期待孩子长成什么样就对孩子那样说。如果你希望孩子别太内向，可以说："你好会表达啊，太棒了！"孩子哭闹时你希望他安静下来，可以说："你好乖啊，好安静啊！"千万不能直接对"问题"大呼小叫，反而强化了问题。

语言不仅在早期教育中起着重要的作用，而且会影响孩子的一生，包括孩子成人后的语言方式、讲话习惯、沟通能力、人际关系等，因此爸爸妈妈在"教育"孩子时，要特别注意语言的选择。所以，我很想提请家长朋友注意，与孩子讲话一定要注意语言的选择，给孩子一句好话，就是送给孩子最好的礼物。

智慧妈妈

父母有必要改变与孩子沟通时使用的一些消极语言。父母的语言应该是充满关爱的、积极的、有亲和力的，给孩子正向引导的，这样孩子才有可能朝着预期的方向成长和发展。

不要小看孩子的倔劲儿

　　很多孩子不会表达，是因为他们没有表达的习惯和环境。当他们有情绪的时候，常常被家长打压，负面情绪就积压在心底，久而久之他们就不愿意与人交流了。所以家长在鼓励孩子表达的同时，要注意孩子各种情绪的叙说。

　　中国家长教育孩子的模式主要以说教为主。家长常用"这难道你不懂吗"来质问孩子，可是孩子没有体验，怎么会有"恍然大悟"之觉醒；家长有时用指责性语言反问孩子："这么明显的道理你不知道吗？"亲子沟通失败的原因往往就在于家长的质问常常是从自己的角度出发，而没有从孩子的角度和心理发展水平上解读同一个问题，就像家长带孩子看户外表演，家长很开心，满眼都是美丽与精彩，而孩子会哭闹，因为他看不见美丽，看到的都是人腿。讲道理往往不能实现父母预期的教育效果，反而还会让孩子产生新的情绪。所以，今天我们感叹：现在的孩子怎么这么多问题？道理不是讲出来的，而是体验出来的。体验了，孩子才会在心底有一个声音：哦，原来这个样子啊！说来这也不能全怪年轻的爸爸妈妈，因为他们也是那样被家长和老师教育大的。

　　当孩子有情绪的时候，家长要做的不是制止，而是安抚，无论家长认为这种情绪是否有道理，首先要做的都是安抚。从心理学的角度，就是要做到起码的共情（一种能深入他人主观世界，了解其感受的能力），也就是让自己的同理心工作。

当孩子觉得自己被理解和接纳的时候，他们才愿意把自己的心事说出来与你分享，亲子间的沟通 "管道"才能畅通地对接起来；当家长靠暴力来镇压孩子，或用怒吼来斥责孩子时，只会起到适得其反的作用，结果导致孩子不愿意跟家长说话，更别提说心里话了。

不要小看孩子的倔劲儿。观察一岁左右的孩子时你会发现，当他的行为受到阻止时就会手抓脚蹬，以大声哭叫来发泄；两三岁的孩子进入反抗期，他们一改过去的安静、听话、依赖的乖顺，强烈要求表现"自我"，喜欢自我主张和独立完成"危险性"的活动；力求摆脱大人的约束，一旦行为受到限制，就会大发脾气，让家长无可奈何。

逆反期的孩子，就像大人的更年期一样，情绪上来后就很难控制，这就是症状。症状是不可控的，能控制的就不是症状了。很多家长觉得孩子特别犟，没那么多耐心和方法应对孩子时就打孩子，这样非但不起作用，还会为青春期埋下"祸根儿"。

我二姐小时候就特别犟。有一次母亲给她剪了个男孩子的平头，她不喜欢，就不愿意去上学。当时我母亲正在院子里买高粱笤帚，见她那么不听话就用笤帚打她，她仍然不服从去上学，结果一把新笤帚给打散了，她还是不愿意去上学。

周九悦 绘

最后我母亲说，你不去上学就站在太阳底下哭吧！于是，二姐就倔强地站在那里哭。后来有人硬拉她到阴凉地方去，她自己还跑到太阳底下晒着哭。后来我学习儿童发展心理学时，就想起当年二姐倔强的一幕，那大概就是她人生中的第二个叛逆期吧。那是我第一次见识一个小孩儿如此地倔强。

当孩子倔的时候，家长最好不要对着倔，而要学会冷处理。等孩子的情绪过去了，再进行沟通，这就是选择沟通的心境和时机。问题是孩子引起的，开始沟通时最好用开放性、启发性的语言询问孩子，这也是培养孩子叙说情绪、种下情商种子的第一步。比如面对孩子的任性，家长可以说"刚才看到你的情况我很难过，不知是什么让你那么坚持"，而不是"你看你刚才哭的，烦不烦啊，以后不许这样啊"。再比如，随着家中老二的降生，很多老大会有情绪，常常趁父母不在时欺负一下老二，此时家长与老大沟通时可说"你打弟弟（妹妹）我很紧张，因为我要确保家人的安全"，而不是"你打弟弟（妹妹）是不对的"。听完孩子的叙说，家长可以再进一步给孩子一些开放式、启发式的提问，让孩子自己寻找解决问题的答案。这个过程既培养了孩子的沟通能力，也培养了孩子的自主性和民主性，同时孩子的自信心也会建立起来，他自己找到的解决方法他一定会喜欢，乐意接受。

当年我二姐的事件结果就是她自己从家里找了一条红色的丝巾，把头包起来去了学校。她遇到的问题最终自己解决了。

我经常听到有些家长说："你是男子汉，不能哭。"孩子本来就委屈，还不让他把委屈发泄出来，他就会在内心感受到强烈的压力。其实，无论男女伤心时都有眼泪，而我们的教育是希望男生坚强，他必须把眼泪咽下去。据我的经验，一个压抑的人如果总是找不到情绪出口，日久天长，慢慢地就会形成心理问题，甚至健康出现问题。

我们生活在一个世俗的世界，每个人都会有一些负面情绪，成年人有，孩子也会有。情绪的"管道"易疏不易堵，要让孩子把情绪发泄出来；孩子在家里的时候，也可以让他捶一下枕头，或绘画、做手工，听一些快节奏的音乐，做运动也可以，这都是发泄情绪的途径。另外，注意让孩子多喝水，因为不快乐的因素是肾上腺分泌的，多喝水可以帮助把它排出去。

智慧妈妈

孩子发脾气是内在有情绪，表明他的需要没有得到满足。持续关注满足、冷处理都有易于使孩子的情绪得到安抚。

关注需要时，家长也可以表达自己的需要，同时清楚孩子的真正需要，这时适合给予的是安抚性语言，而不总是"错在孩子"的暗示性语言，总拿道德评判来说话。

在沟通过程中家长最好不要直接告诉或命令孩子该如何做，而是给予开放性的提问，让他思考，帮助他找到答案。其实寻找答案就是一个思考的过程，它能够带动全身能量，使得内在力量在这个过程中逐渐强大起来。

不要着急否定孩子

一个爱父母的孩子，会主动与父母建立沟通"管道"。他们愿意和父母分享自己的学校或幼儿园的生活，愿意表达对父母的爱意，愿意承认自己的错误。然而有的父母缺乏耐心，或因各种原因错过了很多与孩子的沟通机会。我也曾犯过这样的错误。

那是我们从英国回到北京后不久的日子，我们也是刚住进一个陌生的小区。有一次下班回家，打开房门就发现儿子的书包斜放在门厅，家里没有他的人影儿，我想他肯定是开门后把书包一扔就下楼运动去了（儿子每天会到楼下踢球或练习滑板）。

过了一个小时，儿子还没有回来，我开始担心。我们刚回国，社区的人都还不认识，而他的汉语还不好，万一他丢了怎么办？他没有手机，我又无法联系上他。我不知道他去哪儿了，也不知道他可能会去哪儿，所以也不知道去哪里找他。我只能在家里边做饭边等他回来。饭做好了，天也黑了，他还是没回来。我着急得像热锅上的蚂蚁，不知如何是好。

将近8点的时候，终于听到了门铃声。我急急忙忙去开门，还没等他进门，我就忍不住连环炮似地发问："你去哪里了？你不知道这是一个陌生的环境，看不到你我会很着急吗？你也不留张条儿给我，我也不知道到哪里去找你。"儿子

刘依珊 绘

被我的气势吓得不敢多说一句话，他站在那里低着头，不吭声儿。等我说完，他从背后拿出一瓶洗面奶递给我，说："三八节快乐！"

那一瞬间，我的眼泪就流了出来。儿子接着解释道："你知道我没有钱，没有办法给你买大瓶的，我只能给你买小瓶的。因为我不知道坐什么车，我只能步行到上地超市发去（那个超市是当年我们所在地区最大的超市，离我家5站地），所以这么晚才回来。"他越说，我越感动，越愧疚。

我马上抱着他说："对不起，妈妈以后一定要先了解情况后再说话。今天我太着急了，我因为太担心你的安全才这样急躁，希望你能理解妈妈。"

从那以后，我就开始思考并得出结论，沟通需要分步骤。现在我遇到什么问题都会先把情况了解清楚后再说。除了孩子，我对员工也不会轻易地否定和指责。我永远感谢我的儿子，是他教育了我，让我看到传统家长权威模式的局限性，只有建立良好的沟通"管道"，才能拥有和谐的亲子关系。

我特别关注与孩子之间的沟通。现在我和儿子几乎无话不谈。只要他从学校回来，我们聊天都能聊到晚上 12 点。他上学的时候我基本上不接不送，有时候开家长会，跟他一起回来，只要一上我的车，他就开始滔滔不绝地讲他们学校的事，以至于有一次，我们进了电梯只顾说话忘了摁楼层的按钮，一直就在电梯里说了十多分钟。不管他在学校有什么想法，都会跟我一起讨论。

现在儿子读研究生了，我们依然保持着畅通的沟通"管道"：他递交了入党申请书会告诉我，他想选修另一个学院的专业课也会和我讨论，甚至有女生想和他拍拖也会听听我的意见……有时候我不太了解的，我就告诉他我不了解。凡事我会给出我的想法和建议，最后让他自己拿主意。

智慧妈妈

父母的情绪直接影响孩子的心理发育。父母是孩子最亲密、最直接的生活与成长伙伴，所以父母的生活行为对孩子的成长有着直接的影响。

和孩子共同成长

在社区做大型亲子公益活动时，我认识了一家三口，爸爸妈妈都是高级知识分子，儿子长得虎头虎脑的，叫虎子。一天，虎子妈妈给我发了一条很长的短信，说虎子幼儿园的老师给了孩子错误的引导。因为有一天虎子回家对她说："老师说了，吃书可以长学问，学到很多知识。"于是虎子就有了吃书的现象。妈妈抱怨道："老师怎么能这样教育孩子呢！"依据我的经验，我觉得3岁左右的孩子有时会依靠想象说话，想象的不是真实的，但家长却时常坚信孩子"不会撒谎"。出于职业习惯，我马上回复她说："我可以和虎子聊聊吗？"

爸爸妈妈一起带着虎子来见我。我问虎子："你最喜欢老师讲什么故事呢？"

虎子说："小动物卡丘。"

"卡丘是谁啊？"我又问。

"卡丘是学问，是吃书的……一个有学问的动物。"原来虎子在幼儿园读了一本书，书里面有两只动物在对话，动物卡丘每天撕书吃，动物老师问卡丘为什么吃书，卡丘说吃书就可以把知识长在肚子里。虎子给妈妈说的都是书里面的对话。

通过这次交流，我发现虎子语言表达有些问题，注意力品质也不太好，于是就与虎子妈妈进行了深度的沟通，并推荐妈妈带虎子到我们在社区的（公益）儿

91

童工作站参加注意力品质训练课。参加这个课程活动的孩子顾名思义肯定是注意力品质需要提升，但关键是我会邀请家长一同出席，希望通过 12 周的活动使家长有一个体验，觉察并发现孩子的注意力品质问题是怎样产生的。

其实，在我们给予孩子不当的养育方式时，都会引起孩子注意力不集中。比如爬行不足引起前庭觉刺激不够；孩子自我游戏时不断被家长打断（一会儿问宝宝喝水吗，一会儿问宝宝尿尿吗）；有的家长与孩子沟通时心不在焉，等等。当

涵涵　绘

家长发现问题时，又会正面指责孩子："注意点儿，你怎么注意力这么不集中！"正如前面我们分享的，语言是有力量的，家长对孩子问题的指责不仅不利于注意力品质的改善，反而会强化孩子的问题，因此我邀请家长共同出席活动。

在祛除问题的过程中，我一般会采用外化对话，将孩子的问题与孩子分割开，保全孩子的自尊；用幽默式对话，让孩子获得愉悦的心情，淡化之前家长给予的问题强化，避免问题的尴尬；用游戏活动激发孩子的表达，建立与孩子匹配的沟通"管道"，最重要的是与每个孩子建立感情。参加这个课程活动的孩子，问题虽然呈现在注意力品质上，实际上暴露的是家庭教育问题，父母与孩子沟通"管道"的问题，因此，我会诊断孩子呈现问题的多种因素，并进行有针对性的活动，帮助孩子梳理情绪、安全表达心理议题。

虎子的爸爸妈妈跟孩子一起完完整整地上了 12 次课。活动过程中，爸爸妈妈意识到了孩子的问题：孩子生活在自己的世界里，说话经常前言不搭后语，答非所问，你不知道他在想什么。一次刚下课，虎子妈妈就着急找我，与我沟通了40 多分钟，她说："以前虎子说什么我就信什么，跟他一起上完这一节课后才发现，原来他很多时候简直是在胡说八道。"

第二次课我发现家长比孩子焦虑，而在活动过程中亲子之间开始较劲儿，于是我在课堂上安排了一个《感觉图表》的游戏。这个游戏能够避免当着孩子的面与家长沟通孩子的问题。提醒家长注意，不要当着孩子的面讨论孩子的问题，也不要当着孩子的面讨论家长的问题。当着孩子的面讨论孩子的问题，会影响孩子的进步；当着孩子的面讨论家长的问题，无异于鼓励孩子对抗家长。我采用的这种游戏方式，既能指导家长科学育儿技术，又能帮助孩子祛除问题。

这个游戏操作非常简单。每人发放一张 A4 纸，一盒彩色蜡笔。我首先请大家把 A4 纸横向摆放，均匀地把纸从左至右分成八栏，每一栏代表一种感觉，比如快乐、悲伤、紧张、气愤、害怕等，我给出五种情绪，请孩子自己在其余栏位

某个案的感觉图标

中填写上三种情绪，然后各自给每一种情绪感觉选择一种色彩，并在相应的栏位中涂色。如果此时某个感觉有非常强烈的感受，意味着图表上那个感觉的栏位会用代表色涂上很大一块面积，若某个情绪不是很强烈，在代表该情绪的栏位中就不用涂得太满。例如如果孩子说此时很快乐，那么他就可以用选出的代表色把快乐栏位整个涂满；如果孩子说此时不觉得悲伤，那么他就可以用选出的代表色在悲伤栏里画一条很细的线。

我在游戏中注意到虎子的生气栏位涂满了深棕色，愤怒栏位涂满了黑色。我蹲在他身后问："什么事情让你有这么丰富的感受啊？"

虎子头都没有抬起，回答道："妈妈总是指挥我，真受不了！"

下课后，妈妈到办公室与我交流："我真没有想到，孩子会受不了我？"我和妈妈就孩子心理发展中家长应该注意的问题做了沟通，妈妈很激动："太感谢了！要不是这样的活动，我怎么都想不到是自己给孩子制造的成长困难。"

还有一次活动是面具偶，制作完毕要给自己的面具偶取个名字，然后戴在脸上。当时我问戴着面具的虎子："你的面具叫什么名字？"

"卡丘。"虎子回答。

"你喜欢卡丘哪些方面？不喜欢他哪些方面呢？"我试图把孩子的问题引出来。

虎子告诉我："我喜欢他跟我玩儿，我不喜欢他说话天天说不清楚，不知道要干什么。"

从我与虎子的对话中，妈妈看到孩子出了什么问题，自己在家庭教育中有什么问题！妈妈很高兴自己参与了这样的游戏。

现在虎子和我的关系特别好，经常到工作站参加活动，一见我就拉着让我给他读书。我通过给他读书的分享，帮助他改变了很多语言习惯。以前给他读书，我说十句八句他都没有反应，现在他的理解力有了很大的进步，不仅能理解，还有很好的回应。我一本一本地给他读，他回家后就读给妈妈听。通过这样的互动，虎子改变了，妈妈改变了，爸爸也改变了。

智慧妈妈

所有的父母都希望并努力为孩子提供最周到的照顾。其实父母正确的教育方式比精微的养育更能帮助孩子建立正向积极的人格，如此总有一天孩子能够自己努力达到目标。所以，父母让自己成为真正胜任的教育者是最重要的。

赵珅 绘

第 4 章

亲子沟通 "管道" 的维修技巧

亲子沟通"管道"出现了问题，重要原因是父母不懂得沟通技巧。家长粗暴简单的沟通方式只会让孩子形成逆反心理。在亲子沟通中，家长不妨使用一些艺术性表达方式。

神奇魔杖：大声地说吧

　　社区亲子活动中，有一个叫嘉铭的男孩儿，长得浓眉大眼很可爱，整个过程他表现都非常积极，如果我给出一个问题，他马上就举手要回答。可当我请他回答时，他却不知道自己该说什么，习惯性地挠挠头，问："说的什么呀？"在场的家长和孩子总是忍不住直笑。

　　家长的表现是很不妥的。遇到孩子不会表达的时候，家长不要嘲笑他们，更不要指责或打击他们，而应该帮助他们学会表达。让不太善于表达的孩子自信地张嘴表达是一件不容易的事情，这就需要我们开动脑筋，想办法如何让孩子的生命故事被听见，让孩子觉得自己的发声很重要，并且体会到说话在生活中就像吃饭、喝水一样，很自然，有必要。

　　为了帮助孩子改变自己，我使用了一个游戏叫《神奇魔杖》，这个游戏可以帮助孩子让家人（别人）看到不同的自己，效果很好。在《神奇魔杖》游戏中，"魔杖"可以用任何东西制作，也可以制作成任何形状，上面可以用亮片装饰以显示"神奇"，但不要用彩带装饰，那样容易在游戏过程中分散孩子的注意力。

　　那天我把"神奇的魔杖"拿出来时，嘉铭非常兴奋。我说："在美国印第安部落有一个魔杖，谁拿到这个魔杖，谁就能发表精彩演讲，而且他在演讲中说的每一句话所有人都会聆听，他在演讲中讲出的每一个愿望都能够实现，所以印第安原住民叫它神奇的魔杖。"嘉铭兴奋极了，眼睛里流露出想拥有"神奇魔杖"的渴望。

我问："嘉铭，你想拥有这个神奇的魔杖吗？"

嘉铭毫不犹豫地说："太想我了！"

我知道他想说的是"我太想了"，但我并没有去纠正他的语言错误（那样只能强化他的错误，但生活中我们的家长朋友经常用语言重复，强化孩子的错误），而是说："来，接过这神奇的魔杖吧！"他欣喜地接过去，我马上说道，"谁拿到神奇的魔杖，谁就拥有了神奇的能量，想说什么你就大声地说出来吧！"

嘉铭模仿动画片中手持神奇魔杖的英雄，在我的语言暗示下，开始了他的演讲。开始几句依然不自信，但不一会儿他就有了变化，语言开始流畅起来，出乎意料的是，最后他说："我妈总说我说不清楚要说什么，今天有了神奇的魔杖，我不怕我妈了！"

杨沐恩　绘

《神奇魔杖》游戏没有直接攻击孩子的弱点，反而让孩子在没有威胁的环境中获得了自信，这既是一种外化，也是借道而行，还适合儿童的心理发展阶段，更重要的是它充满了幽默和游戏元素。所以，当孩子沟通"管道"暂时堵塞或不能通行时，我们可以通过其他的平行"管道"进行沟通，也能收到同样的，甚至更好的效果。

当然，《神奇魔杖》也可用于家庭会议（见第 1 章内容）：确保每个人都有机会说话（谁拿到神奇的魔杖谁发言），每个人的故事都可以被听见，聆听他人讲话、不打断他人讲话，对比较自我、不会聆听的家长学习倾听孩子很有帮助。

智慧妈妈

儿童通常生活在两个世界里：真实世界与想象世界。对于不愿意表达或不善于表达的孩子来说，他们的思维并没有停滞，故而在内心与其他孩子一样，他们也有两个世界，但这两个世界的界限并不明显，他们若能了解及厘清两个世界的区别，就能提升语言表达能力了。因此，我们要努力改变部分或整体的生活，才有可能设定他们的提升目标。

"水"先生：幽默式的表达

　　我们很容易发现，那些亲子沟通"管道"不顺畅的父母和孩子，往往将沟通建立在一种紧张的氛围中；而那些亲子沟通"管道"顺畅的父母和孩子，沟通是建立在轻松愉快的氛围中。

　　氛围的好坏对于人际沟通的效果有很重要的作用。在紧张、批评和指责的氛围中，过失者往往都表现得很消极，没有沟通的欲望；在宽容、理解和幽默的氛围中，过失者一般都能够积极地面对问题，并愿意接受别人的指导，甚至批评。在这一点上，我深有体会。

　　我的儿子是在一个自由、民主和接纳的环境中长大的。他在我面前非常自由，能很好地表达自己，也经常跟我开玩笑。有一次，我和他在学校门口餐厅吃早餐。正吃着的时候，他突然低下头，小声地对我说："妈，不好了，我们班的同学来了！"

　　我说："同学来了有什么不好的，叫他们过来一起吃呀！"

　　他幽默地说："别呀！他们要是跟老师说我同女朋友一起吃饭，怎么办？"

　　"我有这么年轻吗？"听到他那样开玩笑，我心里还是很美的。

　　"你看上去真的很年轻，我再捯饬捯饬（方言。收拾收拾，整理一下）老成一点儿就像了。"他特别认真地回答。

一般的母子之间不会开这样的玩笑，但儿子和我属于"另类"。我们之间的交流几乎是无拘无束的。

我们都喜欢音乐，在家的时候，经常是他弹吉他，我唱歌。我认为学习音乐不一定当成专业去学，但会丰富我们的生活。儿子特别喜欢弹吉他，所以家里、我的办公室、我的车上都为他准备了吉他，他能走到哪里就弹到哪里。

有一次儿子说："妈妈，我来弹，你来唱怎么样？"我当然乐于合作。唱一首什么歌好呢？他让我唱《青藏高原》。无奈这首歌实在调门儿太高，我第一句就没有挨着他的调儿。他声音很低地说："妈妈，咱们商量个事儿吧。"

"嗯，你说！"我很认真地回应。

"咱们唱歌的时候能不能不去太空旅游啊？"他语调非常平和地说。

他的幽默我经常领略，但眼下听了他的话，我忍不住笑了，回答道："儿子，没办法，我随时都想去太空遨游啊！"

有什么问题我儿子从来不正面批评或指责别人，他很会考虑别人的感受，能风趣地与人沟通，从不得罪人。

没有哪个孩子喜欢批评和指责，我们成年人也是如此。当一个问题出现后，我们家长总是习惯性地制造一些紧张气氛，想以此来引起孩子的重视，这样反而加重了孩子的心理负担。即使孩子做了不好的事，也不一定非要严厉指责，有时候，换一种宽容、轻松、理解甚至幽默的方式去面对，会收到更好的效果。

父母的表达可以更具有艺术性，比如在游戏中、玩笑中、故事中、手工中都可以有目的地、轻松地和孩子进行交流，引导孩子解决一些问题。

有一个 6 岁的小男孩儿翔翔，在幼儿园午睡时总尿床，这让他的爸爸妈妈很

赵欣艺 绘

烦恼。一次午休尿床后，妈妈说："园长，别给他晒被子了，让他自己顶着站在院子里，看他知不知道难看！"爸爸说："别晒，就让他睡湿的。"我想，一个 6 岁的孩子听到父母当着别人这么说自己，他的自尊心该有多受伤害啊。

我蹲下去小声地问他："怎么了，'水'先生又来拜访你了？"他愣了一下，然后轻轻地点了点头，我知道他明白了我说的"水先生"是谁。我问："你喜欢'水先生'吗？"

"不喜欢。"他摇头回答。

"既然不喜欢，那咱们就想个办法不让它来找你，不让它进你的门，可以吗？"

"可以。"他回答。

"那想一想吧，用什么办法呢？"这种情况下，我一般会引导孩子自己想办法解决问题。

"那我中午不睡！"他很快就想出了一个方案。

"这个办法是不是最好的呢？咱们最好是找三个以上的办法，然后来优选。"我继续引导。

"那我就吃过饭不喝水，还有一个办法就是我躺在那里，不睡着了。"翔翔很积极地想办法。

后来，我和他一起商量，认为吃完饭后不喝水是相对较好的办法，可以尝试。因为中午吃完午餐后，还有几分钟散步的时间，在上床午睡之前再去排一次尿，这样也许可以减少尿床了。

进行这样的尝试后，效果非常明显，午睡时翔翔果然不再尿床了。我相信孩子也不希望自己每天尿床，家长应该想办法帮助他解决问题，而不是教训他一顿。

当孩子有问题时，家长可以将问题外化或幽默式地处理掉。尿床不是孩子的问题，而是"水先生"的问题，你不喜欢它，那就把它打败。怎么打败呢？有什么好的办法？孩子就会去想。他想的过程就是潜意识在工作的过程。无论成人还是孩子，只有潜意识的 BVR（信念、价值观、家庭规条）系统有了松动，才有可能改变。

智慧妈妈

父母不仅要懂得用幽默的方式为孩子解决问题，平时还要培养孩子的幽默感。世界上没有人讨厌让自己笑起来。幽默的孩子面对挫折时心态平和，积极乐观。

幽默是玩儿出来的

源源是一个活泼可爱的小男孩儿，刚刚过了 3 岁，与同龄孩子相比，语言发展比较好。一天午餐时，老师正在发餐，饭碗刚刚放到源源面前，他就开始喊："我要吃臭鞋背儿！"

"臭鞋背儿好吃吗？"老师反问。

"我还要吃臭袜子！"源源又喊。

"别胡说了，吃饭啦。"老师把勺子放到源源面前。

"我要吃臭袜子，我要吃臭鞋背儿。"源源不停地喊叫着。

"胡说八道了，是不是？"老师试图阻止源源。

可是，源源根本不理睬老师，兴致极高，摇晃着小脑袋，说："妈妈炒好菜，爸爸端上来，警察一指挥，臭袜子，臭鞋背儿，都往迪迪嘴里飞（迪迪在班上是源源最好的朋友）。"

"你越说越离谱了，还吃不吃饭啊？"老师在努力地阻止。

这时，班上一个比源源大三个月的女生妞妞也开始兴高采烈地唱和道："妈妈炒好菜，爸爸端上来，警察一指挥，臭袜子，臭鞋背儿，都往小源嘴里飞。"

源源听了，又说道："妈妈炒好菜，爸爸端上来，警察一指挥，臭袜子，臭鞋背儿，都往妞妞嘴里飞。"

赵欣艺 绘

一时间，"臭袜子，臭鞋背儿，都往×××嘴里飞"的童声，此起彼伏。

"谁再胡说八道就把谁的饭收走。"老师生气了。

等孩子们安静下来后，老师又命令道："现在请小朋友们吃饭！"

这是发生在某幼儿园的一个真实场景，孩子们的幽默被老师的规矩所压制。很多人说中国人没有西方人幽默，也有很多人说"我天生就不幽默"，其实人的幽默能力在婴儿时期就开始发展了。婴儿6周大时，如果成年人用一块手绢遮住自己的脸，然后迅速拿开，婴儿就会笑。因为这个年龄段的婴儿只能看懂肢体幽默。

美国著名心理学家Paul Mcghee（保罗·麦基）认为，幽默感在人的社交能力发展过程中起着汲其重要的作用，因为人们"很难讨厌让他笑起来的人"。

幽默不仅能让人拥有良好的人际关系，而且能加深友谊，沟通心灵。懂得幽默的人，在困境中往往能够急中生智，用幽默来应付紧急情况。

有这样一个小故事，前美国总统林肯参加总统选举的时候，他的竞争对手就说，林肯是个丑陋的人，看他那张脸，就知道他不是善良的人，还攻击他是两面脸。林肯演讲的时候，说："如果我有另外一张脸，我能带这么丑的脸来吗？"结果他的幽默给大众留下了很好的印象，也为他赢得了不少选票。

幽默中蕴含着大智慧。因此，我们在培养孩子情商的教育过程中，不要忽视幽默感教育。然而，我们的家长和教师大多都比较"正统"，特别是在孩子和学生面前，所以我们的肢体语言不发达，我们的幽默感欠佳，我们和孩子之间的沟通出现了缝隙或断层，我们的孩子慢慢地失去了创造力，本来出生在幸福年代的独生子女变得不快乐了。

幼儿到了两岁，开始逐渐理解字词和物体的象征意义，真正的幽默也就开始发展了，对于这个年龄段的孩子来说，幽默等于不协调。比如把鞋子当帽子戴在头上，他就会狂笑不止，所以动画片里猫斗不过老鼠的片断，让幼儿非常开心。

到了 3 岁，幼儿会发现语言本身就很有趣，他们会故意把手说成脚，把脸说成屁股，就像我们民间流传的《颠倒歌》："出南门，往北走，忽然看见人咬狗。拿起狗来砸砖头，反被砖头咬一口。"再如："有个老头才十九，吃着藕来就着酒。人人没见过这种事，洋车拉着火车走。"《颠倒歌》不仅让幼儿感受到了幽默诙谐的趣味，还让幼儿得到反应能力的训练，这就是幼儿喜欢《颠倒歌》的原因，他们开始理解字面的意思，开始理解诙谐和幽默，甚至自己开始"创作"一些荒谬可笑的词汇，比如上面故事中源源说唱的《臭袜子，臭鞋背儿》，所以我们不能限制这种"创作"。

过了 3 岁, 幼儿便进入幽默发展的第四个阶段。这个年龄段的幼儿不仅觉得身体动作和语言的不协调好笑, 观念上的不协调也会使他们觉得好笑。比如电影、电视中小丑的古怪形象、动作和语言, 都会让他们开怀大笑。

随着年龄的增长, 幼儿的幽默能力会逐渐发展, 肢体语言、重复的词语、不协调的概念、滑稽的谜语、双关语、多义字词等都是使幽默能力提高的元素。因此, 我们不能不允许幼儿"胡诌""胡说八道", 很多时候, 幽默是玩儿出来的。所以, 我们要大胆放手让孩子玩儿, 多鼓励孩子用语言解决困难或矛盾, 尽可能

乔祈涵　绘

给孩子提供扮演"小丑"的机会，拿出时间听孩子讲笑话。只有这样，我们才有可能帮助孩子获得幽默感，发现幽默的魅力，具有幽默的能力，在今后的生活中能够用幽默的方式，妥善处理生活中的压力和人际关系，缓解工作中的矛盾，在尴尬的境况中保住"面子"。

智慧妈妈

在孩子的成长过程中，如果他们能够处于一个轻松、愉快的环境中，他们就能体验到什么是安全和快乐，并能以乐观的心情来看待周围的人或事物，这有利于孩子幽默感的形成和发展。

在游戏中找到办法

除了幽默式沟通、外化对话外，我和孩子在一起时更多的活动是游戏。无论是解决情绪问题还是完善认知，游戏是最棒也是最有效的方法。因为对于孩子来说，游戏就是生活。游戏可以让孩子在拥有安全感的情况下表达自己的情绪，游戏是帮助孩子建立"管道"、疏通"管道"、借道而行的锦囊。在游戏过程中，孩子内在的力量长了出来，获得了觉察和经验，可以通过自己的努力解决自身不需要的多余的情绪。

游戏一 《我的脑袋》

原理：帮助孩子成长有两方面的挑战，一是找出孩子生活中的问题；二是让孩子在沟通技巧尚未发展成熟时表达想法和感觉。帮助孩子表达感觉，与帮助孩子确认感觉同等重要。对于不善于表达、感觉困惑或心存防卫的孩子来说，他们表达感觉很困难，致使亲子沟通的"管道"不易无缝对接。

《我的脑袋》借由以下方式来处理问题：

◇结合孩子生活中正向与负向的元素

◇鼓励孩子建立对自己脑部运作的好奇心

◇先把注意力集中在脑部的想法，然后扩展到生活中的感觉

脑袋
红名单
白名单
回家
上体育
足球
学习
睡觉
做家务
书包
水壶
课表

某个宝的《我的脑袋》

材料：一张 A4 纸，各色蜡笔

操作：

家长：我把你的头画成一张图，因为接下来咱们要一起做一些事。我把你的头画得很大，因为我知道（如果老师用此游戏又和孩子不太熟悉时可以说"我猜得出"）你很聪明。你的脑袋里装了很多不同的想法，这些想法一整天都藏在这个头里面，连晚上做梦都在里面。有些想法是关于人、地方、事情的，有些是发生在你身上的，好坏都有，不管你想不想有，都发生了；有些是关于你现在的生活，有的是关于你未来的期待。你整天都在想这些事情，即使你没有说出来，我也会有感应。可是每个人是不一样的。现在让咱们来看看，你能不能说出自己脑袋里在想什么；你想到什么就说出来，咱们把它记在这里（纸的一侧）。

游戏《我的脑袋》，可以将孩子脑袋里装的事情一一表现出来。

孩子：我想到外面去玩儿。

家长：好。很多孩子都会想到这一点。我把它写下来了。还有呢？

孩子：我想到爸爸。

家长：你想到爸爸时会想到什么？

孩子：我在想爸爸今天会不会早回来？

家长：这很重要，所以要写下来。

……

如果家长想借此游戏解决孩子的某个问题，发现孩子没有提到，可以提示。

家长：我注意到你还没有提到……我知道这是最近发生在你身上的大事，即使小孩子不希望自己想太多，可有时候这些想法还是会跑进脑袋里。所以这件事是不是要加上去呢？

当孩子对列出的清单感到满意时，家长请孩子为清单上每个"想法"选择不同颜色的彩笔，一个想法一种颜色，形状可以是格子状、点状、星星状等，孩子喜欢的任何形状都行。

家长：现在每个想法都有一种颜色，等一下你要把你的脑袋涂上颜色，每一种想法用一种颜色，咱们可以看出你想了多少不同的事情。如果你想得比较多的事情，颜色面积就大一点儿；不太想的事情就可以用一个色点或一条线来表示。

孩子涂色时家长坐在一旁，只聆听和回应孩子在涂色过程中提出的问题即可。如果孩子需要更大的空间来说明他心中的想法，可以允许他将"整个脑袋"、整张纸，甚至纸的背面都画满，这样可以让内在的情绪"流出"得更畅快。

家长：看起来你已经完成了。现在让咱们来看看你的脑袋，你觉得如何？

孩子：我想到很多事情，看起来很棒。

家长：你的脑袋好厉害啊！让咱们看看里面可以找到什么。你能告诉我吗？

让孩子说出每种颜色代表的是什么，家长也可以有意指出不同的图案设计，鼓励孩子尽量表达。

家长：我看见那里有一大块红色，它怎么了？发生了什么？

孩子：（回应家长的提问）

家长：现在我知道你的脑袋里在想什么了，哪些对你重要，哪些事现在不太需要注意，咱们一起找出解决办法吧。如果不想花较多时间去想某件事，就让它变小一点儿；如果需要好好思考的事情，就让它变大一点儿；不需要注意的，就可以把它忽略掉。现在请你再画一张脑袋图吧，看看有什么神奇的变化。

……

游戏二 《愤怒之墙》（根据 1989 年英国伦敦家庭治疗师培训课程案例改编）

原理：如今很多家长都说自己的孩子很容易生气、发怒，或者说孩子生气时反应不当，表达愤怒的方式过当，他们不知怎么办才好，有点儿束手无策。通常，当儿童愤怒时，必须寻求适当的方式让他表达情绪，而不是压制（长期压抑负面情绪会导致抑郁、焦虑等心理疾病和癌症）。《愤怒之墙》主要是协助孩子重新辨认让自己产生不同程度愤怒情绪的状况。当孩子察觉到引发愤怒的因素时，能进一步思考学习过的应对策略，以便帮助他们自己处理较难掌控的情绪。

材料：白色卷纸、胶条、彩笔、水桶、水和海绵

操作：

◇将白色卷纸的一端粘贴固定在地板上，然后拉出未固定的一端，垂直沿着墙滚动，请孩子决定拉出的长度。当孩子认为卷纸的长度达到自己愤怒的程度时喊"停"，家长将这一端固定在墙上。

◇用彩色笔将"纸墙"均匀地分为三等份，接着请孩子在上面画出一些符号来象征三个不同的愤怒阶段，每个阶段至少要画一个。第一阶段（最下方区域）代表较不严重的愤怒，使用孩子认为能够代表不高兴的符号来表示；第二阶段（中间区域）的符号表示孩子中度气愤或生气的感觉；最后一个阶段（最上方区域）则表示孩子感到极为愤怒的状态。

◇家长准备10张卡片，请孩子说出10件令他生气的事件，分别记录在10张卡片上，请孩子根据感受愤怒的程度将卡片贴到"愤怒之墙"的三个区域里面。

◇家长与孩子开始由表层到深层的讨论。比如孩子注视愤怒之墙时注意到了什么？多数的愤怒状况集中在哪一区域？哪些情况会让孩子特别生气？愤怒时身体的哪些部位会有感觉（把感觉写在不同区域内）？处理不同愤怒情绪时，哪些策略对孩子最有效？

◇让孩子进一步发泄情绪，把5块～6块海绵扔进盛水的桶中，让孩子用湿海绵扔向"愤怒之墙"，当孩子瞄准墙上某个愤怒卡片，将海绵扔过去的一刹那，孩子会非常轻松、开心。家长也可以配合孩子拿起一块海绵扔到"愤怒之墙"上去，同时伴随一些语言，比如"是的，弟弟到我的房间乱翻东西时，我很生气"，借此让孩子的愤怒得以释放并增添相关细节。

《愤怒之墙》是一个很有效的游戏活动，能帮助孩子进一步自我觉察。当"愤怒之墙"上的水慢慢流下来，孩子之前画的代表不良情绪的图和写的文字也慢慢被水冲掉，象征愤怒被"冲洗"干净的重要隐喻。

如果家庭环境不容许或家长有洁癖，可以用彩色黏土和贴纸替代水和海绵，当彩色黏土或贴纸将愤怒元素覆盖住后，"愤怒之墙"会呈现出什么图案呢？

游戏三 《沙与水》

原理：沙和水是幼儿喜爱并常玩儿的游戏，现实生活中许多家长担心孩子的衣服被弄脏而远离了沙和水的游戏。和沙相比，关于水的游戏，据我所知，目前只有一篇英文文献（Hartley, Frank, and Goldenson, 1952）有记载，文章重点不在水的运用，而是教育年幼儿童。作者指出：水能带来掌控、放松和解放的感觉，也可满足儿童不成熟的驱力，提供攻击行为发泄的"管道"。

应用：沙和水是基本、不定型的材料，会直接吸引最基本的感觉——触觉。玩儿沙和水最根本的意义在于触摸或沉浸于触觉所带来的效应。

沙子能以许多方式触碰和感觉。孩子在游戏过程中，可以用整只手，或只用一根手指摸沙子；可以随意摸索、分开手指或紧握；可以让沙子流过指缝，从一只手滑到另一只手，再让沙子落到手掌和手臂上；可以抚平和搅拌沙子，把沙子堆起来或压紧，或用一根手指插进沙里，也可以把双手和整个身体埋进沙里。沙子没有固定形状，性质却相当稳定，可做出粗糙的印记，也能堆成一座山、挖出一个洞。这些都与不同的触碰方式有关，能够激发许多不同的感觉和意象。

水没有形状，也不固定，它最主要的特质就是流动性，会随着不同的容器改变形状。水给孩子带来的是掌控感、放松感，也给孩子提供发泄的"管道"。水对于孩子来说不仅是洁净的，可以解渴，是生存的必需物质，还具有象征性地回到生命原点的穿越意义（即子宫里的羊水）。

孩子经常同时使用沙和水。在此情况下，水与沙的配比会决定沙、水混合物的质地。例如加一点点水，沙子会变得粗糙，会有结块；再加一点儿水，沙子还能维持形状，是做沙派、沙球、沙山的绝佳材料；若继续加水，混合物的质也会一直改变，孩子对事物的认识也会发生相应的改变。

很多孩子喜欢使用模子、铲子或勺子玩"沙和水"，其实徒手玩儿的效果更好，能够直接体验最基本、夏贴近触觉的经验。因此，家长要尽量鼓励孩子徒手玩儿这个游戏。

说明：游戏是孩子的工作和生活，但不同的游戏有不同的作用。沙和水的游戏特别适合胆小、害羞、触觉过度敏感（爱哭、黏人、怕理发，爱咬人、拒绝进入教室）、难以融入伙伴中游戏的孩子，但不适合用来刺激神经异常和多动症的孩子。

智慧妈妈

玩耍是我们与孩子沟通的最好方式。在玩耍中让孩子能够自己找到问题以及解决问题的办法，这就是我们使用游戏的一个妙处。当然，这要求家长在沟通语言上注意外化对话、开放性对话、幽默式对话。总之，既要有规则，更要让孩子自由发挥，否则就不是游戏了。

用故事梳理孩子的情绪

　　几乎所有的孩子都爱听故事，喜爱童话故事是儿童的天赋和本性。童话故事在毫不设防的情况下邀请孩子进入它的世界，潜移默化地让孩子去认同这个故事或讲述者。同时，故事隐喻邀请儿童分享它对世界的看法，并且鼓励儿童以自己的方式尝试一些新观点。故事中的隐喻并不直接告诉孩子任何结论，相反地，它只提供对不同情景的不同观点。正所谓"仁者见仁，智者见智"，同一个故事对不同的孩子所产生的意义不尽相同。一个人世界观的形成，正是受到他没有注意的东西所带来的影响。

赵欣艺　绘

我在艺术性表达上也非常重视故事的作用，正如心理学家 Gordon Allport 所说："假如能编导一套与现实生活雷同的故事，并借着比喻来提供解决问题的办法，那不单是听了就很舒服，还真的有可能解决问题。"

一、结构化故事

1. 《流浪猫想要一个家》的故事

有一个小女孩儿，当妈妈生下弟弟后，她不能接受家里多了一个成员的现实。她认为弟弟会夺走爸爸妈妈对自己的爱，于是只要她和弟弟单独在一起，她就会欺负弟弟，有时候掐一下他，有时候狠狠地摇晃他，把弟弟弄得哇哇大哭。依照妈妈的前述，于是我运用故事和小女孩儿进行了互动，没几次她就改变了对弟弟这个家庭新成员的看法，愿意和弟弟一起玩儿，甚至还帮助妈妈照顾弟弟。下面是我写的一个《小猫想有一个家》的故事。

有一只小猫，很想有一个家。

有一天，她在乡间走呀走，突然看到不远处有一座绿房子，于是她就站在外面叫："喵，喵，我想有个家。"这时，从房子里面走出来一个老头儿，他很不喜欢小猫，便大声对她吼道："走开，你这个烦人的家伙！"

小猫很伤心，她又继续往前走。走啊走啊，她看到一间黄房子，便对着房子大叫："喵，喵，喵，我想有个家！"这时房子里面走出来一个老太太，她看了小猫一眼，哆哆嗦嗦地说："小猫呀，虽然我很喜欢你，但我不能收留你，因为我自己都不能照顾自己，你还是走吧！"

小猫很难过，只得接着往前走。走啊走，她来到一所红房子跟前，冲着大门高声叫道："喵，喵，我想有个家。"这时，从房子里面出来了一只小兔子。见到小猫，小兔子回头叫道："哥哥，你快来看，一只小猫，她很想有一个家，咱们可以收留她吗？"哥哥出来看了看说："咱们得问问妈妈。"于是兔子兄妹进屋去问妈妈。妈妈亲切地说："只要你们想做她的朋友，你们就可以把她留在家里。"于是，兔子兄妹就把小猫收留了。他们先给脏兮兮的小猫洗了一个热水澡，小猫顿时变得干净又可爱。从此，他们三个一起看电视，一起玩儿，晚上他们还住同一个房间一起睡觉呢！他们成了好朋友。小猫特别开心，兔子兄妹也特别开心，他们的妈妈也特别开心！

代晶晶　绘

　　这个故事，可以让小女孩儿认识到，家里增加了一个新成员，并不是来争夺爱的，而是给她带来了玩伴。讲完这个故事，我对她说："你现在有了一个弟弟，弟弟将来就是你的玩伴，对吗？"她若有所思地点点头。这就是通过结构化故事帮助孩子内在力量成长的治疗案例。

这个故事为小女孩儿开启了一扇门，让她得以体验生命中的美好，安抚内心的情绪。当人用眼睛、耳朵、身体或心灵接受美好的事物，身体便能接受自然的疗愈能量。我小时候每次感到不快乐时，外婆就会带我到郑州金水河岸的绿荫道走走，当我感受到迎面吹来的微风，看见绿树繁花之美，就会对自己说：我的心情变好了。直到现在，我都很喜欢给朋友发鲜花和树木的图片，并总附上一句：向大自然学习，总是送给我们无条件正向安抚。美，是灵魂的食粮。

2.《兑现你的承诺》的故事

每天早上小兔子起床是一个让妈妈很费力的事。有一天，妈妈很认真地跟她谈话，说："你要是不按时起床，我就要迟到，我迟到就会违反单位的规定，这样是不好的。我希望你明天早点儿起床，可以吗？"小兔子马上回答："好，好，好，我明天一定按时起床！"

第二天早上，闹钟响了，小兔子又赖在床上不起来。妈妈为了她又迟到了，回家后就找小兔子谈话，还没等妈妈开口，小兔子就知道了自己的问题，说："妈妈，我知道了，明天我一定7点起床。"

第三天早上7点了，小兔子还是赖在床上不起。晚上妈妈正要跟她谈的时候，她就主动说："妈妈你不用跟我谈了，我要是明天不按时起床的话，我漂亮的耳朵就没有了！"她在妈妈面前许下诺言。

第四天早上，小兔子仍然没有按时起床。当她到洗手间刷牙对着镜子照的时候，发现自己的一只耳朵似乎短了一点儿。

第五天早上起床后，小兔子发现自己的耳朵短了很多，到晚上的时候就已经没有了，她吓得哇哇大哭。妈妈说："这就是对你说话不算话的惩罚，咱们说出的话就要尽量做到，做不到就不要说。不过如果你从今往后兑现诺言的话，你的耳朵就会慢慢长出来的。"

后来的日子里，小兔子变得非常守时，说话算话，很好地兑现了自己的承诺。她的耳朵又慢慢地长出来了。

这也是一个结构化故事，是专给什么都不在乎的孩子写的，希望孩子换个角度，从故事中看到自己不好的行为会产生什么样的结果。人都是趋利的，无论成人或孩子，当社会需要一种文化保证有序发展时，人们就得遵守一定的规则，否则就会受到惩罚。如果人们发现某种做法可以得到好处，就会朝着那个方向行事，所以家庭教育中使孩子拥有规则感是重要的一课。

3.《小兔子搬家》的故事

小兔子搬家到一个新的社区，在这里一个朋友都没有，她觉得很无聊，妈妈就让她自己去主动结识新朋友。

她漫无目的地走在小区的林荫道上，见小猴子正在打鼓呢，它便上前去观看。小猴子邀请她与自己一起打鼓玩儿，可小兔子对猴子说："吵死了。我才不跟你一起打鼓呢！"

她继续向前走，看见小猫正在钓鱼。小猫非常友好地说："你来跟我一起钓

杨沐恩　绘

鱼吧！"她觉得钓鱼太无聊了，没搭理小猫就往前走了。

　　小鸭子和小青蛙正在游泳，他们热情地邀请小兔子一同游泳，可小兔子看了一眼水塘，说："脏死了，我才不想和你们一起游泳呢。"

　　小兔子走完整个社区，发现没有一个自己喜欢的朋友。回去后，妈妈问她："你今天认识了几个朋友呀？"她沮丧地说："一个都没有！他们都在做一些无聊的事，我都不喜欢！"

　　妈妈说："你要想别人做你的朋友，你就要先真诚地做别人的朋友。"

　　第二天，在妈妈的鼓励下，小兔子主动去找那些小朋友玩儿。她跟猴子一起打鼓，跟小猫一起钓鱼，跟小鸭子和小青蛙一起游泳……她的朋友越来越多。

　　后来，小兔子生日的时候，所有的朋友都去她家给它开生日派对，她非常开心！

这个故事源于一个个案。案主是一个不与任何人交往的女孩子，因为她本来住在北京的一个城区，为了上学方便，妈妈带她到另一城区的姥姥家里住，谁知环境改变了，女孩儿也变了，整天问妈妈："咱们什么时候回去住啊？"其实在我们国家，很多家长为了追求给孩子提供更好的生活环境，离开原有的文化圈、朋友圈，举家搬到一个陌生的区域，迁居后孩子遇到的主要问题就是失落。失落的正常反应包含孤独、伤心、恐惧、愤怒、兴奋等，某些孩子还会出现年龄退化的现象，如要求与父母同睡，要求喂食等。故事的力量很大！面对孩子的问题，需要根据生活中孩子发生的故事量身打造，因此在叙说时必须采取隐喻的方式。

二、互说故事

故事对孩子的影响之大有时是成人无法想象的。通过听故事孩子不但可以获得知识和生活常识，明白道理，增长才干，而且当孩子的行为出现偏差时，故事也能起到"治疗"的作用。将孩子的问题融入故事中加以解决，能够有效减少孩子的阻抗。

互说故事是指成人和孩子利用故事创作手段帮助孩子解决议题的技术。规则有三条：

1. 孩子的故事必须是自编的；

2. 故事有开始、中间、结尾三部分；

3. 故事讲完后，可以相互提问。

孩子讲述故事的时候，家长要注意倾听。首先要听明白孩子讲的故事中的人物可能代表谁？其次听整个故事呈现的气氛是什么？再听故事中重要的主题及互动模式如何？然后听故事中问题的解决策略如何？最后听有何种更适合的方式来解决故事中的问题及冲突？在倾听孩子的故事过程中，家长还要思考如何在"回应"时表达出孩子讲述的元素，一般要求用与孩子故事中一样的主角、背景、开头，只是改变过程和结尾。

我们打造的社区儿童工作站除了服务 16 个社区 0 岁～ 12 岁的孩子外，也为地区的小学提供公益托管服务。某中心小学开始托管服务之初，一个叫王航的一年级男孩子整天围着我转，学校的什么"新鲜事儿"都会讲给我听。一天，他又对我说："Miss 李，你知道吗，我们家有一只老母鸡，特讨厌。"我静静地看着他，表现出很愿意听他讲的样子，鼓励他继续说。

"早上一起来，老母鸡就开始咕咕咕、咕咕咕满屋子叫；等你穿好了衣服要坐下来吃早饭时，老母鸡又开始围着你咕咕咕、咕咕咕地叫；吃完饭该去上学了，在门口换个鞋子，老母鸡也咕咕咕、咕咕咕叫个不停；上了车，老母鸡依然咕咕咕、咕咕咕地叫，好不容易到了学校，刚一下车，就听见老母鸡摇下车窗咕—咕！高喊两声。"

听了他的故事，我惊讶这个孩子的聪明，于是我说："如果王航足够的聪明，早上一起来，快快地穿衣服，然后快快地洗漱好，老母鸡就会闭上嘴巴，不会满屋子咕咕咕、咕咕咕地叫；如果王航足够的聪明，吃早餐时会安安静静地快快地吃完，老母鸡就不会再咕咕咕、咕咕咕地叫了；如果王航足够的聪明，上学路上安安静静地坐在车子里，不影响老母鸡开车，老母鸡就会闭上嘴巴，也不会到了学校门口再咕咕地高叫两声。"

几周后，王航一见到我就非常急切地说："Miss 李，你怎么这么多天没有来啊。"我问："怎么，有什么好听的故事讲给我吗？"他高兴地说："Miss 李，Miss 李，你知道吗，我们家的老母鸡不叫啦。"

不用我说，谁都会明白孩子说的老母鸡是谁，不用再解释，谁都懂得老母鸡不叫了是孩子进步了还是"老母鸡"改变了。

王航把他的"烦恼"用故事的形式表达出来，并把啰唆的妈妈形容成"老母鸡"。我知道这就是故事对他所起的作用，我更知道，当他愿意讲故事给我听的时候，我对他的鼓励和回应也起了很重要的作用。对他的故事回应，我使用了一个关键句式："如果王航足够的聪明，他就会……"这个句式首先肯定了他的聪明（我的确惊讶他的聪明），没有孩子不想聪明，所以他会按照"足够聪明的王航的做法"去做，让"老母鸡"安静了下来。

经历了 30 多年给儿童说故事的实践，今天我依然为故事所产生的力量感到惊讶。文学评论家和理论学者都认为，故事蕴含数千年来与家庭、社会相关的情绪，因而能够成为儿童问题矫治的工具。互说故事在改变孩子对于自我、他人和世界的态度及学习新的行为时，效果非常好，也必将成为亲子沟通"管道"的重要建设者。

智慧妈妈

父母不可忽视故事对孩子的影响力。父母在给孩子阅读故事的同时，也可以根据孩子的问题编故事，为孩子量身打造属于他的故事。其实编故事没那么难，如果故事与瓶偶、面具偶、音乐结合使用，效果会更好。

一致性表达：让孩子与你更亲密

当孩子的行为规范不符合家长的期待时，很多家长会很直接地指责并教训他们。比如有一个四岁半的小女孩儿和妈妈到我办公室的时候，她非要爬上阳台去。妈妈就很不耐烦地对她说："你怎么不听话呀，我都说了不能爬！"可是小女孩儿依然爬。这时候我对小女孩儿说："我看看你会坐在妈妈的身边来吗？"孩子很快就过来了。

我对妈妈说："咱们换一个角度来看问题。你说话她不听，你是否想过她为什么不听你的话呢？有多少次她不听你的呢？就今天的情景来说，你的目的是想让她不爬，可是你给出的语言是'不能爬'，从语言学的角度说，孩子不接收否定词和虚词，那么你的指令对她来说就是'爬'或'能爬'，所以她继续爬。如果你按照期待她做的行为说'你真乖啊，会安静地坐在妈妈身边'，这样沟通就生效了。"

当对孩子提要求的时候，可以使用萨提亚（家庭治疗流派创始人，如今以她的名字指代她的家庭治疗技术）沟通模式中的"一致性表达"。"一致性表达"是说在沟通中同时考虑到自己、他人和环境的因素，同时拥有关怀、自我肯定、智慧及创造性的特质，为双方创造和谐的关系。

在一致性表达中，沟通分为五步：

第一步：对他人的认可；

第二步：你对问题的看法，对方做的可能有不完善、不到位的地方；

第三步：提出你的建议，告诉对方"如果……会更加完美"；

第四步：为达到完美或解决问题，提供一些帮助性的信息，即如何做的方法；

第五步：双方达成共识。

我对儿子会经常使用这种表达方式。儿子很勤快，从小就帮助我做一些家务，一直到现在总是把家里的地面擦得干干净净的。他现在一星期回家擦两次地，有时候太忙，擦完地留个纸条就回学校了，这已经形成了习惯。

我们家擦地都是用抹布，很少用墩布，因为墩布擦不到墙根儿和沙发下面。当然，他也有擦地不认真，擦不干净的时候。有一次我回家用手指一摸地，发现地上还有灰尘。我没有抱怨他擦地不认真，而是对他说："你今天擦地了，真棒！"这是**"一致性表达"的第一步，肯定和认可他的劳动成果**。他点点头。接着我又说："你今天没有用抹布吧？"我知道如果用抹布擦，墙根儿就不会有印子。这是**第二步，把不完善的地方提出来**。

儿子有些不好意思地回答："今天实在没时间了。"

我说："不用抹布我们也可以找一种解决问题的方法。比如你用墩布墩中间大面积处，最后用抹布把边上擦一遍，这样不是又干净又省时吗？"这就是**第三步，我给他提出建议**。他继续点头。

"其实现在有一种可能比抹布和墩布都能解决问题的办法，你还可以不累，就是有一种脚上穿的清洁套。咱们可以去超市看看，没准还有比这个更先进的新型的清洁工具呢。"这就是**第四步，给他提供新的信息**。

结果他同意了。这就是第五步，我们之间达成了共识。

这样的交流，让儿子感到没有被指责，他的劳动被认可了，因此就愿意今后把事情做得更到位。人们有委屈，往往是因为自己没有被认可。家长完全可以在不伤害孩子的情况下，表达自己的想法，提供有用信息给孩子，让孩子自己完善自己。

智慧妈妈

家长命令式的表达只会让孩子反感，想要获得与孩子的有效沟通，家长需要使用技巧进入孩子的心田。

放下手机，与孩子多交流

现在的家庭中，普遍有这样一个场景，爸爸妈妈分别玩儿手机，看微信，孩子玩儿ipad游戏，相互不影响，家里没有说话的声音，很安静。爸爸妈妈不知道，长此以往这些电子产品就会严重影响孩子的表达能力。可以说，电子产品让人与人之间缺少了交流的时间。

过去没有电视的时候，爸爸妈妈常和孩子坐在一起讲故事，做游戏，彼此有沟通，有互动；没有手机游戏和ipad游戏时，爸爸妈妈会陪同孩子一起看电视，尽管看电视时间不长，但会看同一个片子，不但有一个共同的分享，而且后续还会有共同的聊天话题。但是今天，当父母有聚会时，会把手机给孩子；家长忙于家务无暇照顾孩子时，会给孩子打开ipad，以获得分身的时间。对于现在的孩子来说，那些积木、玩偶、汽车等玩具已经不能满足他们的要求，他们迷上了电子产品，电视中的动画片、手机和ipad里鲜活刺激的游戏，越来越受到孩子的喜爱。

今天，孩子在享受高科技给他们的生活带来"快乐"的同时，也承受着电子产品给他们带来的"灾难"。

美国加州大学洛杉矶分校的科学家选取了105名六年级的小学生为研究对象，这些学生报告说他们在每个教学日平均要看四个半小时的屏幕。随后，研究人员让其中一半的孩子参加 5 天的自然和科学夏令营，期间不让接触任何电子产品，其余孩子生活学习照常。

在研究期间，科学家不断地让孩子们看人生气、高兴、悲伤、惊恐等表情的图画，并让他们确认其中的情绪。孩子们还被要求观看短剧视频，并请他们描述视频中演员们试图表达的情绪。

结果发现，孩子在参加夏令营前，答错问题的数量平均为 14 题，而在夏令营 5 天不"触屏"的生活后，这一数字降低为 9.4 题。此外，参加夏令营还使被测试孩子的答题正确率有了明显提高，从夏令营前的 26% 提高到了 5 天后的 31%，而不参加夏令营的孩子答题正确率 5 天内没有变化。

研究人员说，虽然这还只是初步研究，但这依然足够说明："在电子设备屏幕前花费太多时间就意味着人与人之间面对面的互动机会相应减少，而情商的培养和大脑的相关发育是要在真正的、人与人之间的互动过程中完成的。"

人是群居动物，人与人之间需要语言的互动，而孩子正是在这种互动中获得成长的。因此，家长无论多忙，每天至少要挤出 10 分钟～ 15 分钟与孩子平等地沟通。父母如果做不到让孩子完全远离电子产品，可通过以下方法减少孩子对电子产品的沉迷：

1. 尽量减少家里的电子产品数量，或很好地将它们隐藏起来；

2. 不当着孩子的面玩儿电子产品，因为家长是孩子行为的榜样；

3. 找一个比电子产品更好的互动方式推荐给孩子，如图书、玩具、美工、亲子游戏等；

4. 增加与孩子的互动活动，陪孩子聊天、野餐、运动，带孩子去户外健走，孩子注意力就会慢慢被转移。别为了解放自己，害了孩子。

电子产品不是早教机，更不能替代亲子互动，只有良好的亲子沟通才是送给孩子的最好的教育方式。今天父母多抽出些时间陪伴孩子成长，明天陪伴父母的是真实的孩子；今天父母多给孩子贴近真实的生活，明天父母和孩子的生活更加健康。

智慧妈妈

就心理学原理而论，凡能满足个体需要而使其产生积极愉悦情绪情感体验的事物或景观，都会使其产生兴趣，吸引其注意。大部分电子产品能满足孩子的好奇心，所以孩子连续玩儿21天就会形成一种游戏习惯，进而成为一种沟通习惯，而要改变这种习惯比建立一种习惯要难得多。

第 5 章

亲子沟通 "管道" 的作用

父母是孩子最亲近的人，孩子是被父母说大的。孩子感知世界的方式首先在家庭中形成它的雏形，父母与孩子构成的基本三角关系，既是最先接纳孩子的，也是对孩子最具影响力的。所以，家长与孩子的对话是正面的、积极的，孩子内在积蓄的就是正面的、积极的力量；否则，孩子内在便会积蓄负向因素。

把孩子的"音符"还给他们

我不懂音乐，但我却很喜欢音乐，因为音乐很奇妙。

人生就是一首歌，这首歌是否动听，关键看各个年龄段的音符如何组合。我们每个人都在做一个音符的组合工作，如果组合得好，他的人生就会美妙；反之，他的人生就饱受痛苦。痛苦的人如果觉醒了，能够觉察到音乐的不和谐，他将音符重新进行组合后，会拥有一个多变的人生，生命从此会变得通透、一致、灵动；如若未能觉察曲调之不和谐，那他的一生将品尝各种的不如意而找不到原因．不和谐的旋律就会一直围绕着他，痛苦、压抑，甚至抑郁伴随着他。

生活中家长往往选择替代孩子组合生命的音符，这儿放 do，那儿放 mi。家长不相信孩子自己能够组合好，更不信任孩子有鉴赏能力。其实，当我们替孩子组合出的旋律不是孩子喜欢的时，这意味着我们剥夺了孩子谱写自己生命乐章的权利。

孩子有自己的创造力，有时候我都惊讶于他们的聪明。比如，我曾写过一个童话剧《我要飞》。这个童话剧颇受孩子的喜爱。它讲的是一个小男孩儿看小鸟在天上飞过自己也想飞翔的故事。小男孩儿没有翅膀，他找医生、卖风筝的人帮助，甚至到超市去购买翅膀，都没能实现自己的愿望，最后他找到最聪明、外号叫猴子的小朋友帮助。猴子说："你把滑板车给我玩儿，我就给你做一双翅膀！"

珊珊　绘

小男孩儿说："你给我做了翅膀我就可以飞了，滑板车就可以不要了，送给你。"
猴子说："真的吗？"小男孩儿说："一言为定！"于是两人拉钩。

　　可是我看到孩子们每次的表演都有自己的创造，他们总能根据剧本的基本情节，加进去自己鲜活的生活语言和生活细节，我从来不会加以阻止，任由他们尽情地自由发挥。有一次，扮演小男孩儿的米娅和扮演猴子的静静演到"一言为定"时，边拉钩边说："一言为定！拉钩上吊，一百年不许变，谁变谁是小狗，旺旺！"还加进了小狗的动作，使得整个童话剧瞬间就有了生气，当时对我启发非常大。孩子们有自己的口头语言和肢体语言，这不是以成人的思维可以编出来的。

　　通常我们在幼儿园做音乐活动或在社区做亲子音乐活动时，不是为了让孩子把节目照搬到舞台上，而是让孩子们自由创造。孩子们很有积极性，且越来越自信，他们自己当编舞，老师只做一些协助性的工作。

我们幼儿园有一个小女孩儿甜甜，经常在活动中新编台词，她还参加了微电影《来自天使的爱》的拍摄。她几乎不按剧本台词说，但又能用自己的语言呈现导演要表达的内容。她的自信让大家都非常喜欢她。父母活动日的时候，她上台表演节目，站在舞台上特别自信，即使说错了词，她也不紧张，反而会幽默地为自己救场。

看到孩子们的这些表现，我更加相信：孩子是有能力的，孩子的潜能是不可估量的，他们知道什么该干，怎么干。他们有时候也许会很闹腾，但又不会出圈儿。今天，孩子需要的是更多成长的空间，谱写自己童年乐章的舞台。我们，只是游戏的组织者。

智慧妈妈

人生如音乐，孩子的成长亦如此，家长可以做的就是为孩子提供尽可能多的机会，让他们自己去组合音符，他们自己会想办法把音乐尽可能组合得和谐。不管怎样，他们都会寻找到一种适合自己成长的方式。

尊重孩子的兴趣就是尊重孩子

　　我在英国工作时，有一位英国妈妈，她有一双儿女。只要知道我要回中国，她就会请我帮她女儿买英文版中国历史方面的书籍，因为她女儿将来想成为历史老师；她的儿子喜欢玩儿游戏，她就让我帮她儿子带各类电脑游戏软件。一般来说，给孩子从国外带书，我们很好理解，但是买电脑游戏软件，可能很多家长就不能理解了。我说："这要是在中国，家长不会专门托人给孩子万里迢迢从国外买游戏软件的。"她说："儿子喜欢嘛！"我问："那如果他将来不愿意上学，去打游戏，你会同意吗？"她不以为然地说："只要他喜欢就没关系呀，说不定他将来是一位很好的开发电脑游戏软件的专家呢。"在这位妈妈的信念中，孩子只要开心就行了。

　　我回国以后，遇到了一位与那位英国妈妈相反的案例。一对儿反对孩子读网络小说的夫妻带着孩子来找我求助。在我看来，孩子已经很优秀了，而且很帅气，小学三年级就是学校广播室的播音员。我先与孩子做了简单的沟通，然后让孩子回避，再跟这对儿夫妻聊。我说："你们的孩子很棒！"

　　可是妈妈还是觉得孩子没有达到自己的标准，她说："那不行！如果将来他是中科院的院士我多有面子，如果将来他是开大公交车的，那我的面子往哪儿搁啊。"

现在，她最大的烦恼就是孩子读网络小说。她认为看小说占用孩子学习的时间，会严重影响学习成绩。我问："你不允许他在家读网络小说，你怎么又知道他读了呢？"

她说："我每天下班回到家，第一件事就是摸电脑，电脑是热的说明他刚刚上网了。"她的这种做法我觉得很不恰当，在她摸电脑的一瞬间，孩子会怎么想呢？妈妈不信任我！事实上，刚才孩子在与我交流的时候，也表达了对妈妈不信任自己的不满。

中国很多家长都希望孩子"两耳不闻窗外事"，不希望孩子把精力花在兴趣爱好上，认为网络小说简直是"不务正业"。家长想不到的是：这样做，就是人为地将亲子沟通"管道"堵塞了！

如今很多家长已经意识到自己替代孩子做决定是不妥的，但迫于社会环境的压力和替孩子的将来着想，又不得不逼迫孩子去学这个学那个，目的是希望自己的孩子不要输在起跑线上。家长之间的交流内容不是立足在孩子是否成长上，而是对比孩子的"成绩"，谁家孩子考钢琴 8 级了，谁家孩子练习跆拳道了，谁家孩子学习英语了等，大家都在那样做，自己不那样做的话，就会觉得自己的孩子将来不会优秀、不能成功，就是因为自己今天不够努力。

这些家长没有意识到"生命教育"的重要性。无论学习什么专业，从事什么行业，"生命教育"都是不可或缺的，它是我们作为一个人在现实社会中如何才能活得幸福的指导纲领。

有一位台湾老师给我讲了一个她矫治"厌学症"孩子的故事。一个小男孩儿很聪明，但就是不爱读书。老师上课的时候他不听讲，回家也不爱做作业，这让

珊珊　绘

父母非常头疼。

有一天，这位老师发现小男孩儿在外面拿着一根小棍儿到处敲击，像打架子鼓一样，地上摆了很多小桌子、小椅子、小盆儿、小树枝什么的。虽然敲出来的音响听起来有点儿怪，但小男孩儿非常开心。

原来小男孩儿喜欢架子鼓！但妈妈非要他报一个英语班，并告诉他："如果你学英语，我就让你学架子鼓，不学英语也不能学架子鼓！"这就是家长的态度。

老师对妈妈说："如果你让孩子去学音乐，他将来可能是一个音乐家，不一定非得做科学家才是'家'"。老师本来是给孩子做厌学辅导的，后来变成做妈妈的辅导了。最后妈妈的态度发生了改变，孩子报了架子鼓班，学得很开心，学习成绩也有了提高。

现在想想，我几乎没给儿子报过什么学习班，只是在他8岁时找了个地方学吉他。当很多孩子都在学习钢琴、小提琴等可以为升学加分的乐器时，儿子自己选择了学习吉他。于是我找到了音乐学院的一位老师教他吉他，学得非常好，直到今天他依然酷爱吉他，几乎不离手。只要他自己开心，我都不会干涉他。

当儿子上高中的时候，他的班主任认为我这个家长不重视孩子的学习，问我："你这个孩子还要不要上大学？"老师比较重视升学率，我非常理解。我回答说："他肯定是要上大学的，但我觉得双休日他应该去享受他的爱好。如果智商正常，在学校他就应该完成当天的学习任务，双休日他应该丰富他的生命故事。"我从不会因为孩子考取了高分而高兴，而会因为孩子高兴而高兴。

我们尊重孩子的兴趣就是尊重孩子。很多家长对孩子的爱好是以自己的喜好为中心，自己喜欢做什么，就要求孩子也做什么，自己不喜欢的孩子也不能喜欢。随着孩子年龄的增长，孩子有了自己的思想，亲子矛盾开始显现。比如有一位爸爸喜欢钓鱼，每次去钓鱼就会带儿子一起去，儿子特别开心，可是妈妈对此事就特别烦。有一次妈妈在我面前抱怨道："真够烦的，钓鱼还带儿子去。有什么可

乔祈涵　绘

钓的，多半天在那儿傻坐着！"我对她说："你的爱好是你的，他的爱好是他的。每个人都需要有自己的空间，这样内心才会像鱼儿一样快乐自由。"家人之间可以不喜欢彼此的爱好，但必须尊重彼此爱好的选择。

每次在社区做辅导时，我都会说："问问你自己，你究竟要什么样的生活，你要怎么样活着。日子是你自己的，不是别人给你的，你要倾听你自己内心的声音。"所以我现在极力给人们一个观点：日子是自己的，你不是为别人而活。我也希望家长把这种观点传递给孩子，让孩子从小学会寻找生活的快乐。

智慧妈妈

我们的大教育更多的是强调学科知识，鼓励人们学科拿高分，教人如何去考试，但很少有人告诉孩子，人在社会上走这么一趟，生命是怎样的一个历程，人为什么活着，怎样做才能够获得幸福和快乐。只要家长改变一下观念，就能够很好地完成对孩子的"生命教育"。

父母给予什么，孩子就回报什么

父母是孩子生命价值教育的启蒙者。孩子刚出生，头脑是一片空白，所有观念都是后天习得的。而他们学习的第一任老师就是父母。可以说，父母教给孩子的价值观主导着孩子的行为。

比如，现在人们的生活条件越来越好，物质也越来越丰富，父母的消费观常常影响到孩子。有的孩子买玩具和文具都要求高档、品牌，而家庭条件也许根本就不能满足他的消费诉求，但家长却害怕孩子受到委屈，咬紧牙关也要满足孩子的要求。

我曾在一份报纸上看到一篇文章说，一位家长开车送孩子上学，在离学校大门还有一段距离的时候，孩子就要求爸爸停车，然后自己走到学校去。爸爸觉得冬天外面挺冷的，就说："再送过去一点儿吧，那样你就可以少走几步。"没料到孩子却说："不用了，你看你开的是什么车呀！"原来孩子嫌爸爸开的是一辆捷达车。

父亲的车不够高档，孩子不愿意被同学们看到。我很难过，同学之间攀比，并不是孩子天生的过错，而是我们今天的家庭教育出现了严重问题。

家庭教育应该让孩子明白，父母拥有的财富与孩子的明天没有直接关系。那是父母努力的结果，不是孩子的；现实生活中，我们经常可以看到这样的讨论：

143

孩子花钱的数量和父母的收入是否应该成正比？这说明很多父母在制定孩子的基本开支计划时，是与自己的收入成正比的。还有的家长为了不让孩子"受委屈"，尽量去满足孩子的虚荣心，不知家长是否问过自己：这么含辛茹苦培养大的孩子，将来会拥有怎样的价值观呢？

我的儿子到现在依然很节俭，从来不乱花钱，他懂得家里的钱是父母辛苦挣来的，这让我很欣慰。他小时候我们基本不给什么压岁钱，但是在中国，基本上每个小孩子过春节的时候都能收到一笔压岁钱，而且有的孩子收到的数额不菲。我们中国人的观念认为谁给的压岁钱多就表明谁的爱多，这种潜意识也会传递给孩子，一代代传下去。比如，妈妈对孩子说："你看，今年你奶奶才给了500元（人民币），外婆给了1000元（人民币），还是外婆疼你。"这是严重的误导，让孩子真的认为奶奶不如外婆好。其实，无论给1000元钱还是1元钱都只是一个祝福。儿子小时候每当过年时我都是给他一个硬币。那时我们在英国，大年三十我会到中国城买年货，也会给儿子买个红包袋，装进去一两个硬币，有时候是一分，有时候是两分，几乎没给过一个英镑，算是对他新年的祝福。每次他都很高兴地接受这份祝福。

我要求儿子3岁时学习自己洗澡，4岁时开始洗自己的小物件，5岁时自己刷鞋子，6岁开始做饭、做家务，然后根据他的表现，给予一定的奖励作为他的零花钱。我这样做，是期望他能够明白每一分钱都是自己辛苦挣的，让他知道父母的不容易，所以现在他特别能理解做父母的辛苦和不易。有时候我工作太忙，他总会劝我多休息："妈妈，您别这么辛苦了。"有时候我一回家，他就给我打好洗脚水，让我泡脚减压。吃完饭，我正要收拾碗筷，他会马上说："您别动，我来收拾！"

儿子不认为一个孩子因为家里条件好就可以任意挥霍金钱，学习成绩好就可以骄傲。有一次，他跟我的朋友们一起吃饭，因为桌上不是自动的转盘，他就不停地为大家转动玻璃转盘，而且转得特别慢，看到谁的面前没菜了，马上就转到谁的跟前，朋友们都说他太会照顾人了。一个孩子只有在爱中长大才会懂得爱；一个孩子有了责任的经验才会有责任。

一些朋友看到我儿子如此懂事，会问我："你不怕将来他到岳母家受气吗？"我认为日子是他自己的，我只负责他的成长。其实，一些家长担心自己的孩子在配偶家受气，希望他要有自己的脾气，这本身就是一个歪理。我们只有给予孩子充分的阳光和雨露，他才会成长得阳光，播撒雨露给家人和社会。

智慧妈妈

父母要让孩子明白，财富都是自己努力的结果。平时可以让孩子在家做一些计分劳动，按分发放"工资"，让他体验劳动的快乐并享受劳动的成果。这样，孩子才会懂事、孝顺、有责任。今天的孩子什么都不缺，就缺吃苦。

孩子内在站起来，整个人才会站起来

　　玲玲不喜欢语言表达，妈妈就带着她找我做治疗。在我的办公室里，玲玲坐在我对面，妈妈坐在她旁边。事件的原因是当时因为妈妈要和爸爸离婚，爸爸不同意，并拿着刀威胁妈妈，正好玲玲在场。本来就内向、文静的玲玲在父母的这场打闹之后，就不说话了。

　　看得出妈妈很疼爱玲玲，同时很不放心玲玲。在我请玲玲绘画的时候，我发现她有严重的选择性障碍（即对同样能达到目的的不同方法、途径、路线，在选择的时候难以抉择，即便做出决定后仍然疑虑其他的选择是否更好，从而导致时间的浪费，精神的焦虑），因此画得特别慢。通常情况下这样的画儿别的孩子十几分钟就能完成，玲玲却画了一个多小时。她画得非常仔细、认真，每一个细节都画得小心翼翼。

　　当时我给玲玲拿了一包蜡笔，告诉她画一幅画，画中要有房子、树、人，并告诉她绘画时可以随意挑选颜色，想怎样画就怎样画。但在玲玲绘画的过程中，她每拿一支笔都要扭头看一眼坐在旁边的妈妈，妈妈说："可以用这个颜色。"她就用手上挑的这支笔；再拿一支笔时，她又看一眼妈妈，妈妈对她说："要不你就换一支？"她就换一支接着画。

　　妈妈干预太多，就不能通过绘画来了解孩子本来想表达的东西。于是，我就对妈妈说："请您不要给任何意见，让她自己决定。"后来，妈妈就不说话了，但玲玲依然每一次换颜色都看一次妈妈。她画完第一棵树的时候，看一眼妈妈，说："我再画一棵吧！"妈妈看看我，没有说话。玲玲就又画了一棵树。

绘画完成后，我见她在纸的右下角画了一个扎小辫儿的小女孩儿，就问她："你是画的自己吗？"她说："不是，我随便画的。"可以看出画面上的小女孩儿扎了一个小辫子，而玲玲的小辫子就是这样的，在她的潜意识中画的就是自己，而且在小女孩儿的衣服上面画了一颗心，说明她特别渴望有爱。

玲玲有时候不会自己对一件事做决定，有时候是不敢自己做决定，所以每次做决定时都要征得妈妈的同意，得到妈妈的认可，可见平时妈妈替孩子做了多少决定。像玲玲这样的生活体验，如果不进行干预，长大后就会有选择性障碍，缺少主见，没有思想和独立意识，依赖他人。

玲玲为什么会这样？后来我了解到，玲玲生活在一个充满火药味儿、缺少温暖的家庭环境中。在她一岁多的时候父母就开始闹离婚，并且经常在家打架。有一次，妈妈在幼儿园接她回家的同时，爸爸也来到幼儿园门口，两人大吵起来，爸爸当着很多人的面骂妈妈。最终妈妈报了警，才解决了这个事件。

可能妈妈为了保护玲玲，对她管得特别严；也可能怕爸爸把她"抢"走，到哪儿都跟着她，专职接送她。夫妻离婚的时候很匆忙，孩子的抚养问题没有协商好，以后便经常因探视问题打闹。曾经有一次，爸爸还拎着刀到学校门口强行接玲玲，扬言要杀了妈妈。这样的事件频繁发生，导致孩子没有安全感，感到恐惧。一对男女因爱而结婚，又因爱自己而离婚。当夫妻吵架的时候，只在乎自己的情绪和感受，很少顾及孩子的感受，他们当下最爱的是自己，谁也不爱，包括无辜的孩子。

　　与爸爸离婚后，妈妈就把玲玲带到外婆家生活。外婆觉得孩子没有父爱，挺可怜的，一说起这事就流眼泪。单亲家庭中的老人，会用一种怜悯的眼光看待孩子，除了在生活上给予更多的照顾外，在情感上还给予更多的怜爱，甚至溺爱。这样做反而对孩子无益，让孩子觉得自己很可怜，缺乏内心的力量，甚至变得消极。

　　在之后的几次治疗中，我主要是使用"李氏冥想"（请参考下一节内容）技术，给玲玲一些力量，让她内在站起来，她整个人才会站起来。

智慧妈妈

人是精神动物，会接受各种暗示，你给他积极（正面）的暗示，他就会变得积极（正面）；你给他消极（负面）的暗示，他就会变得消极（负面）。

用"李氏冥想"撬动潜意识

每个人的潜意识中都有一个 BVR 系统。B，即 Beliefs，信念；V，即 Values，价值观；R，即 Rules，家庭规条。这个系统的演绎决定着人的生命故事。

冥想是一个很好的可以撬动潜意识中 BVR 体系的方法。冥想是一种安静的状态，是一个人关于自我（生命的存在）的直接体验，能让心情浮躁的人迅速安静下来。大多数人体验的往往只是充满内心的思绪、情绪或感受，是一种不断改变的情绪流动，他们的喜怒哀乐都会在冥想过程中呈现。在此过程中似乎整个人成为了一个旁观者，不在其中，虽然思绪停止，但心依然安在，从而获得平静、清澈的觉知。

当一个人的心不再因为杂念而焦虑的时候，就可以看到真实的自我，他的意识更加专注，因此就会对他人有更敏锐的觉知力，有热情和同理心。冥想能提高一个人的专注力，以及学习和工作效率，所以我常把冥想用在孩子注意力品质的训练和内在力量的提增上，从而改变个体的 BVR 体统。

我在 20 世纪 80 年代初开始接触冥想，那时的我无论怎么努力都不能入静，不到两个月就放弃了。后来我发现，与其说那时的我是因为忙于创业，忙于为未来奋斗，不如说内心不够淡定、宁静。在 20 世纪 80 年代末，我发自内心渴望自我成长，就学习了萨提亚的家庭治疗师的课程，再一次接触到了冥想，并从中受益。

杨沐恩　绘

当时我根据自己生活中的需求进行冥想，开创了与他人不同的冥想，现在我称这种方法为"李氏冥想"法。

　　比如，当我感到内在缺乏力量或困惑时，就会运用我的"奶油冥想"或"咖啡冥想"。我是一个特别喜欢吃甜食的人，尤其爱吃奶油。当年在国外，一切都非常艰难，甚至可以用穷困潦倒来形容那时的自己。每次经过蛋糕房看到蛋糕上涂着厚厚的一层奶油，我就想，等我以后"翻身"了一定要吃上那样的奶油蛋糕；

咖啡也是我的最爱，那时觉徥和朋友一起到咖啡店喝杯咖啡就是上层社会的日子，我比较渴望。我在"奶油冥想"练习中只想好事，当前的美好、过往的美好、未来的美好等，甚至想象自己成为了上流社会的优雅女人。每次冥想完我都会有一种快乐，全身充满了正向能量。

当"奶油冥想"练习一个阶段，内在会充满力量，信念得到强化，然后进入第二个阶段"呼吸冥想"，通过调整气息，让自己更专注，达到使用语言指导入静的境界，让内在获得宁静，修正信念，祛除原有规条的束缚。第三阶段是"意识冥想"，在入静的基础上，运用意识超越自我，用意识为未来做工作。这么多年来，"李氏冥想"给我带来很多益处。

我现在做工作坊，每次上课都是站着讲，常常是一天三场。很多学员会问："李老师，你不累吗？"其实我也休息了，只是他们没有发现。我用十分钟给自己暗示，能立即入静，达到高质量的休息。因为我自己在冥想中受益匪浅，所以我也会在助人成长的过程中，尤其是针对内在力量比较弱小、内心烦躁者运用冥想。

除了我的"李氏冥想"之外，我还想谈谈 BVR 系统与教育有关的个人见解。大家都知道，一个人小时候有什么样的规条就会形成什么样的价值观，有什么样的价值观就会有什么样的信念。家长有时候无意间会给孩子灌输一些错误的价值观，这造成了孩子错误的信念。

10 年前我在北京市一个重点中学做了一项调查，问孩子们谁没有挨过打，结果显示基本上都挨过打，但孩子们都会补充一句："因为爸爸妈妈爱我，所以才打我。"悲哀！若是在西方，家长打孩子是违法的。孩子最早的沟通来自父母，其次来自老师。总之，在童年时期奠定了这样一个价值观，然后就会产生这样一个信念，它们都是在潜意识中不知不觉形成的。

智慧妈妈

我的每一个冥想词都是即兴的，没有固定模式可循。因为每个人的情况是不一样的。导语的语调和语速都很重要，词汇的选择尤为重要。针对儿童的引导词与成年人的也不一样，引导儿童冥想时一定要考虑他们的接受能力、理解能力及年龄特点。

妈妈去世了，让眼泪流出来

昊昊的妈妈去世了，他目睹了妈妈死亡的全过程。他看着妈妈吃完药后躺在床上，看着妈妈被送到医院抢救，看着妈妈被火化……在整个过程中，他一滴眼泪都没有流。他不愿意相信妈妈已经死去，不愿意听到外婆的哭声。外婆一哭，他就打外婆，对外婆大吼："妈妈并没有死，哭什么！"一直以来，他跟外公的关系都很好，现在却动辄在外公面前说脏话，骂人。

妈妈去世了，昊昊却一副若无其事的样子。他真的不悲伤吗？他和妈妈没有感情吗？7岁的他，到底有一个怎样的内心世界？

当他的外公打电话向我求助的时候，我让他们带一幅昊昊的画儿过来。画面是医院抢救的场面：妈妈躺在那里，身上盖着白色单子，周围有很多人，但里面没有昊昊自己。从画儿中可以看出，他把自己置身于这个事件之外，他画的是他看到的情景。

外公说抢救女儿的时候，是自己要求带上昊昊一起去的。他觉得女儿不行了，要让昊昊见妈妈最后一面。现在看到昊昊在这个事件刺激下的反应，非常后悔。其实，我觉得这也没什么不好，昊昊已经7岁了，早晚要面对妈妈死去的现实。

外公外婆带着昊昊进办公室后，我让助手先带昊昊去画画儿，而昊昊拒绝画画儿。助手只得把他带到我面前，我没提画画儿的事，也没说看他画的画儿的事。

昊昊坐在我面前，面带微笑，从他平静的脸上我看不出任何异样。我轻声问："最近学校有什么好事吗？"

他回答："没有。"

我又问："没有什么让你感到美好的事？"

他回答："没有。"

我继续问："家里呢？"

他依然平静地回答："家里也没有。"

我接着问："那有什么让你伤心、难过的事吗？"

他回答："没有。"

我问："家里和学校都没有？"

他拖长了语音："都没有——"

这时，我想直接让他面对现实。我知道他在压抑，在游离，不想去面对和触碰妈妈过世这件事。他的拳头紧握，显然在努力克制自己。于是，我很直接地说："可是我听说你妈妈去世了。"这时，他的脸色马上变了，笑容顿时消失了。

我问："很想妈妈，是吧？"只见他眼泪在眼眶里打转，但他努力不让它流下来。真是一个坚强的孩子！我问，"你知道你外公外婆为什么要带你来吗？"他说："不知道。"我说："因为我可以帮助你和妈妈做一个联结。"他的眼泪终于流出来！当时他斜靠在沙发上。我问："想不想和妈妈做个联结？如果做了联结，妈妈就知道你现在怎么样，你也会知道妈妈怎么样了。"他点了点头，坐直身体。于是，我给他做了大约 45 分钟的冥想。

"现在咱们来和你妈妈做个联结，好吗？请把眼睛闭上，调整一下身体，让

杨沐恩　绘

自己坐得舒服些，怎么舒服怎么坐。"他就斜靠在沙发上，"好，现在你的头脑里有一台电视机，这台电视机恰巧播放有两个画面。两个画面正好把电视机一分为二。我们先看左边。左边播放的都是愉快的事情，给你带来美好回忆的事情。爸爸妈妈和你一起做游戏，苛你去郊游，野餐。你愉快地在教室上课，和同学们快乐地踢球……但是，我们的生活中，不全都是美好，有时候天会下雨，有时候会刮风，有时候会有暴风雪，这些我们都不想要。因为这样的天气不能到外面去玩儿，但是大自然就是这样，我们要接受。生活中有一些不美好的事情，我们不想要，它也会发生。我们现在来看看右边发生的这些不美好吧。"就这样，我就直接走进了他的内心。

"现在我们来看看电视机的右边。右边播放的都是你不想要的，让你不开心甚至伤心的画面。妈妈去世了，就躺在那里，有一个白色的单子盖着（他的绘画

155

里的情景），你看到妈妈躺在那里不再起来，你看到医生在抢救妈妈，所有的人都涌向了医院。但是妈妈还是走了，她一个人走了，去了她想去的地方，那里就是她的天堂。"

这个时候，他控制不住情绪了，开始低声抽泣。我知道他的内心开始动摇就说："你想哭就哭，想出声就大声地哭，让你的眼泪尽情流出来。因为妈妈这个你最亲近的人走了，你可以哭。"他的眼泪就像开了闸的洪水，猛地泻了下来，情绪一下子出来了。他开始面对了。我继续说："这就是你对妈妈的思念。"说到这里，我有意停了一下，给他足够的时间去感受，去宣泄。

我继续说："人的生命有长有短，有的人很年轻就去世了，像妈妈这样，有的小朋友刚一出生就死了，而有的人能活到八九十岁，甚至100多岁依然很健康。无论人活多久，无论他们离开家去到哪里，他们都会把爱留下，把爱留在家里，留给他爱的人。妈妈走了，但妈妈的爱没有走，妈妈的爱和你在一起；妈妈走了，但她希望用她的健康换来你更好的生活，她把生命的长度留给了你。所以你要活得更好，更健康，长得更健壮。不仅要自己很好地长大，还要替妈妈照顾好外公外婆，替她孝敬外公外婆，因为你是一个独一无二的孩子！你可以实现妈妈的愿望，这样妈妈才会放心。"说到这里，我又停顿了一下，让孩子有一个觉察和体验的过程。

到这里，冥想进入了另一个阶段，我要让他内在获得一些能量。我说："现在，你和天地相连接，大自然的力量正通过你的手心进入你的体内（**我想让他将攥紧的双拳松开**）。如果你想接收更多的能量，你可以把手心向上。"他慢慢地松开双拳，手心向上。"大自然的力量开始进入你的体内，你感到一股热流通过你的胳膊进入你的身体，然后流到你的双腿，最后流到脚底，整个身体充满大自然的能量。你感到自己很有力量……你开始成长，成长。现在好好地感觉你的长大，就停留在这个当下……"我又停顿了大约5秒钟，让他感受自己的成长。

冥想结束后，他睁开眼睛，我让他捂捂双眼，并对自己说，"我会照顾自己了"；摸摸自己的脸，对自己说，"我长大了，我可以照顾自己，也可以照顾外公外婆了"；然后把手放在头顶，对自己说，"现在我拥有大自然的力量了"。他按照我教的把每一个动作做了一遍。

接着，我让他画了一幅画儿。他画了一所房子，房子外面他和妈妈手牵着手。我对他说："现在，咱们和妈妈做个告别仪式吧，妈妈很快就能收到。"他点点头，我继续说，"但是，做这个仪式要选择一个安全的地方。"

我们来到一个空旷的地方。我教他用点火器把画点着，然后问："你想对妈妈说什么吗？"他小声地说："妈妈，我很想你。我现在长大了，我有力量了！我能照顾外公外婆了。"他的声音虽然不大，但很有力量。我知道他的问题基本上已经解决了，他已经从失去妈妈的打击中走了出来。我告诉他说："每次想妈妈的时候都可以做这样的仪式，可以写信，也可以绘画给妈妈，但一定要在一个安全的地方进行。如果不能找到一个安全的地方，就请外婆帮助你。"

昊昊是个聪明又坚强的孩子，他的悟性很高。不仅通过我给他做的冥想方法"治愈"了自己，而且还帮助外婆减轻悲痛。回家后，他模仿我的方法给外婆做了两次"治疗"。有一天刚好是妈妈的冥寿，他为妈妈画了一个蛋糕，然后做了一个大信封，把"蛋糕"装了进去，并在信封上画了一个火箭。他说："火箭会走得更快，妈妈马上就能收到。"

还有一次，他见外婆偷偷地哭，就安慰外婆道："外婆，你是不是很想念你的女儿？我帮你和你女儿做个联结吧！"他就仿照我的方法，把当时冥想的话完整地转达给了外婆。外婆后来跟我说："在这个过程中，他还用手轻轻地抚摸我的胳膊。"我这才想起，当时给他做冥想时，室外突然响起鞭炮声，见他哆嗦了一下，我担心他被吓着，赶紧坐到他身边抚摸他的手臂。可能他认为我的这个安抚动作是整个过程的一个规定动作吧。

给外婆做完冥想后，他问外婆："你给我妈妈画个画儿呢还是写封信呢？"外婆说："你替我画吧。"于是，他就画了一幅画儿，画里有外婆。最后带着外婆一块儿下楼，找了个安全的地方，把画儿烧给了妈妈。

昊昊第二次来我这里的时候，精神状态很好，我真为他感到高兴，我给了他一个拥抱，说："昊昊，你长大了，一个星期不见，你显得精神多了！而且还长高了！"然后我问了他在学校的情况。妈妈去世后他曾有一段时间没去上学，上次治疗后又返校了。我问："是不是在学校很好？"他说："是呀。"我又问："你跟同学好吗？"他说："很好，但有两个同学好像不太喜欢我。"我说："没关系，我有办法让他们喜欢你。"

当时我刚好从美国带回来一些比较有特色的手环，打算用在我们的教学中。我拿了两个给他，说："你把这个送给你的同学，告诉他们是老师从美国带回来，你特意送给他们的。"他很高兴地接受了。后来听说那两个同学也不跟他斗气儿了，与他成了好朋友。

给昊昊做第二次冥想时，我主要是给予他一些力量。冥想中我把他带到海边，在沙滩上沐浴阳光，让他倾听海浪的声音。我告诉他，海浪的声音对他来说就是音乐。生活中无论刮风下雨对他来说都是生活的一个体验。他永远都在阳光下，阳光是宇宙中最有能量的物质。

现在昊昊的一切基本上都恢复了正常。我告诉他，他已经长大了，要做刀所能及的事，要多帮助外公外婆做一些家务。我嘱咐他外公说："越是这个时候，越要让他坚强，越要正常对待，不要觉得他失去了妈妈而过度呵护他。"很多家长在这种情况下往往会觉得孩子小小年纪，面对这样的事太不幸了，而不让他做这个，不让他干那个，事事都替他包办，否则就觉得亏欠了他似的。那样做恰恰对孩子的成长不利。照顾，是给孩子大爱，不是给他小爱。让孩子在挫折和灾难中学会自强、自立是最重要的。孩子今天能正常生活，明天才能独立于世！

智慧妈妈

冥想能够帮助人们得到放松，平复情绪，撬动潜意识。导语很关键，特别是对孩子的引导词，要特别小心。因为每一个人都是独一无二的，每个孩子的情况也都不一样，即使家长描述的也未必是孩子内心真实的情况，所以我给孩子的冥想词没有一个固定的模式，也没有办法提前准备，每次都是即兴的。通过冥想给予孩子力量，帮助他内在的力量长出来，胜过给他宣讲任何道理。

妈妈自身的精神状态
决定孩子的自我塑造

2012 年的冬天，一位漂亮妈妈求助于我，讲起她的困扰：

我是一个孤儿，自幼没有得到父母的爱，也没有过同龄人的那种被爱与享受，在我的记忆里，我日日夜夜期待着能有一个属于自己的家，渴望能有一个自己生养的可爱的孩子。上天有眼，我 23 岁时认识了我的丈夫，26 岁生下我的独生女小雪，我感到很幸福，我对孩子和家的珍爱世上无人能比，我希望我的女儿比我幸福一千倍。

然而，不知为什么，小雪总是与我作对，我希望她是一个文静的小女生，可她淘气得不得了。一次我刚买来的洗衣皂，一转眼工夫，她就把一整块肥皂变成了"面条"，那时她才 3 岁，我实在是忍无可忍，打了她几大巴掌。

还有一次，我穿的一件新毛衣，刚换下来进厨房做饭，她就把我的毛衣用剪刀给剪了，气得我把她痛打了一顿。可好像我给她的"教训"没有任何作用，现在她不仅在家里淘气，到小区花园玩儿也经常与小朋友打架，甚至在幼儿园也打架，还爱咬人。一个 3 岁多的女孩子，我不知道她怎么了，是我把她惯坏了，还是基因发生了变异？因为我丈夫和我都是知识分子，懂得为人处世的礼数和规则。我现在很怕接幼儿园老师的电话，特别是星期一，她准会在幼儿园打架。您说，我怎么养了个"野人"！

听了她的诉说，我直率地说："有很多家长都有着和你一样的困惑，而我想说一句也许你不爱听的话。"

她说："您说吧，我能承受。"

"孩子的问题都是家长的问题，特别是妈妈。"

"为什么？"她疑惑地看着我。

"母亲的素质决定着孩子的未来。"我直截了当地说出了我的观点，"一个母亲对社会贡献的主要产品就是她的孩子，除了母性的爱以外，母亲必须学习教育的艺术。当然父亲也需要学习，只是在孩子幼儿时期的教育中，母亲起着决定性的作用。"

"是吗？"她认真地看着我。

"是啊！妈妈自身精神状态对孩子的自我塑造起关键性作用，在亲子关系中

周照杰　绘

孩子是在对妈妈的回应中，慢慢形成了自己的行为处事方式，最后形成自己的人格特征。也就是说，孩子情感启蒙来自母亲，孩子情商的高低亦取决于母亲最初的教养态度。"我继续说，"比如你女儿的问题，主要分为两个方面，一是爱打架，那是因为你爱打她。"

"我真不想打她，可她太气人了，不得已才会打她。"她辩解说。

"你打了她，她心里也有委屈，怎么办？孩子一旦有了情绪，就需要通过一种方式去发泄，到外面就会同小朋友打架，这样才能找到内心平衡，否则长此以往，孩子还会生病呢。"

"您这么一说，我觉得是这样，现在想想，她基本上是挨打以后才和小朋友打架的。"她认同地点了点头。

"二是孩子正处于第一逆反期。"接着我向她解析了这一逆反期孩子的表现，并给她提供了一些应对措施。

作为父母，应该了解自己的孩子在不同成长阶段的心理变化和需要，只有这样，才可能使孩子顺利度过第一个逆反期。

2岁～3岁的孩子不仅进入认知加速期，还处于第一个逆反期，在家长眼里他们开始调皮，开始不听话，为了"教育"孩子和"规范"孩子的行为举止，家长一般会用"不要……"句式批评或命令孩子，这种命令恰巧让逆反期的孩子反感，他们会更加"闹腾"，家长忍无可忍时就会责打，这恰巧促进孩子"逆反"，导致打架等行为。

面对这个年龄段的孩子，建议家长在生活中多夸奖和表扬孩子的适当行为。当然，夸奖和表扬要把握好"度"，不能刻意或过分地、夸大其词地表扬，否则给孩子带来的负面影响远远大于正面作用；与孩子说话时，不要命令，更不要控制孩子。比如与孩子一起玩儿游戏时，家长不应该是旁观者，而应该是参与者，陪同孩子一起做游戏。在那个当下，家长的角色是玩伴，是观察员，而不是族长，去控制孩子游戏。父母平时要多表达对孩子的爱与关怀，经常胸对胸地拥抱孩子，给予正向安抚（参见第2章）。

智慧妈妈

有些家长不知道自己的孩子为什么总爱同小朋友打架，其实原因很简单，孩子是要把心中的委屈或由于某个刺激引起的情绪发泄出去。一般来说，孩子攻击性强有两个原因：一是孩子处于叛逆期，而又不会表达自己；二是家长的脾气暴躁，教育孩子的方法欠妥。

孩子在家挨打多，这直接影响着他处理问题的方式方法。请家长切记：打孩子是很野蛮的做法，对孩子情商的提高、心理的发展没有任何益处，反而带来不良影响。

珊珊 绘

第6章

孩子沟通 "管道" 的养护

在任何时刻，无论孩子怎样看、听、说，无论孩子做了什么，也无论孩子怎样思考，我们需要看到孩子真实的需求和现象背后的故事。只有看到孩子"管道"内流动的内容，并且充满希望地引导孩子走出当下的困境，孩子才会拥有真实的自己。拥有自己，才能管理自己。

不要剥夺孩子承担责任的机会

3岁的贝贝在幼儿园表现很好，但在妈妈面前却很任性，妈妈说什么都不行，必须按他说的来。每次他自己摔倒了，妈妈都会马上向他赔礼道歉，觉得自己没有照顾好孩子："对不起呀，宝贝儿！"然后就拿着贝贝的手打自己的脸，贝贝的哭声就在打妈妈的过程中变小。

我对贝贝妈妈说："你现在让他打你的脸，等他真的打你的时候，你就欲哭无泪了。"孩子摔倒跟妈妈有什么关系呢？做父母的应该帮助孩子寻找摔跤的真正原因：走路是不是不小心啊？脚底下是不是绊到了什么东西？当孩子意识到摔跤是自己的问题时，下次他才会注意，不再摔跤。

在和家长沟通交流的过程中，我发现大多中国的家长出现问题后都喜欢向外而不是向内找原因。比如孩子磕到自己了，家长马上会边拍打桌子边对孩子说："我打你这个桌子，让你磕我们家宝宝！"孩子摔倒了，家长就边跺地面边安慰孩子："这块该死的地，我让你不平！"这样的做法，家长觉得是安抚了孩子，实际上是在帮助孩子逃避责任，完全是一种误导。桌子和地是没有移动的，是孩子自己走路不小心撞到桌子了，不小心摔跤了。发生磕碰后不是让孩子明白自己和环境的关系，而是一味地从外界找原因。家长也许觉得只是"哄哄"小孩子，没什么关紧，孩子大了自然会明白。遗憾的是这种思维在孩子头脑中会扎根，当他长大受到挫折或失败时，他会习惯于从外部找原因。今天越来越多的成人感叹：现在的孩子怎么没有责任心！孩子为什么缺乏责任心？究其原因，是父母剥夺了孩子承担责任的机会。在长辈不符合逻辑的呵护下，在过分的溺爱中，孩子的责任心慢慢地丢失掉了。

宏宏是一个 4 岁的小男孩儿，喜欢摇晃椅子，在幼儿园经常磕碰到自己。有一次，宏宏又摇晃椅子，嘴巴磕到前面小朋友的椅子背儿上，把嘴唇磕青了一块儿。爸爸看到孩子的嘴唇磕着了，便到幼儿园里来找原因。通过了解，知道孩子是因为摇晃椅子受伤的，就对老师说："你们应该把幼儿园的椅子都包上海绵，户外的滑梯和滑梯周边的墙上也都应该包上海绵，这样孩子就不会磕到了。"

家长这种呵护孩子的方式真让人啼笑皆非，幼儿园不可能采纳他的意见。从爸爸这种呵护孩子的思路推想，如果孩子走在路上摔跤了、碰到树上了，是否马

乔祈涵　绘

路都要铺上塑胶、那些树都要砍掉？是啊，我们一代又一代，不自觉地重复着这种不符合逻辑的教育观念，令人担忧。

一次去河北一家幼儿园做师资培训，园长给我讲了一个他们幼儿园的孩子磕伤的故事。一个女孩儿在幼儿园经常被磕碰、摔倒，家长就对这个幼儿园非常有意见，觉得幼儿园安全隐患比较多。有一次女孩儿又在幼儿园摔了跤，老师很紧张，晚上到幼儿家里去家访，发现孩子在家又磕到了玻璃茶几上，下巴被划伤缝了4针。本来妈妈还对幼儿园的安全有质疑，后来发现自己家里也不够安全，对老师也就没有再提意见了。

对于孩子经常磕碰或摔跤，除了查找外在的原因，消除孩子的安全隐患外，更重要的是应该从孩子自身找原因。为什么有的孩子从不摔跤，有的孩子却经常受伤？本体感不足的孩子的确会经常发生磕碰，只要做一些训练就会改善的。

智慧妈妈

人体的感觉分别是视觉、听觉、味觉、嗅觉、触觉、前庭感觉和本体固有感觉。婴幼儿期有五觉容易出问题，分别是：视觉不平顺（看书会跳字、跳行，严重的无法阅读，做算术也很难正确掌握住数字）、听觉识别不足（容易忘却、不懂得与别人沟通、脾气古怪、上课不专心）、触觉过度敏感（胆小、爱哭、黏人、孤僻、偏食、情绪化）、前庭觉平衡失常（语言迟缓、阅读困难、学习障碍）和本体感不足（笨手笨脚、容易跌倒、自信不足、缺乏创造力、写作业慢）。

我长大了：
父母要认可孩子的突发奇想

　　爸爸妈妈带着 14 岁的女儿小欣来找我。我一般第一次接待求助者都会要求监护人、养育者和孩子一起到场，分开谈话，先给成人谈后与孩子沟通。妈妈首先叙说了她的烦恼和无奈。小欣自上初二开始每天逃学，每天爸爸妈妈像看押犯人似的把她押到学校，但爸爸妈妈一离开学校，她就设法离开了，放学后不回家

乔祈涵　绘

去夜店，还在那里结识了一帮朋友。

小欣走进我的办公室，很安静。我让小欣画了一幅画儿，因为图画是非语言性投射，对学历低、不喜欢倾诉、内向、选择逃避的人都有良好的实效性。

小欣的画

此外，被测试者对这种方法抵触较小，容易投射出深层人格。小欣的画儿告诉我她生活在一个比较封闭、不太与人交往、亲子互动极少的家庭，尽管她画的房子有门和两扇不小的窗户，但都是关闭的，她渴望沟通，但别人却很难走进她心里；再看房顶的颜色、烟囱的黑烟，说明小欣内在有情绪；房子画在中央，这说明小欣很看重家庭；天空漂着三朵白云，说明家里有三个焦虑的人；图画右上角的太阳看上去很大很温暖，说明在现实生活中小欣需要温暖和爱；

171

她在左侧画的是一棵柳树，说明小欣的情感在向过去流动，对过去发生的一些事有内疚心理；画中喂鸡的小姑娘应该是她自己，没有耳朵说明她不太听进别人的意见；脚很小而且画得不太对称，说明她退学或逃学的理由是站不住脚的。

人是群居动物，每一个人都需要有丰富的情绪出口，如果负面情绪长期受到压抑，一定会有心理疾病或脏器病变。我单独与小欣交谈后，发现她爱去夜店的原因，是因为小欣在家里没有听众，而且又总受到指责，久而久之她在家里就什么都不说了，每天到夜店去说，那里有她的听众，那里让她的情绪有出口，使她的身心得到放松。因为成绩下滑，她每天回家爸爸妈妈都会数落她，去奶奶家，奶奶数落她，去大妈家，大妈数落她。以前三家都把她当宝贝宠着。她从小长得漂亮，也逗人喜爱，大妈没有孩子，把她当亲生骨肉。可是一上初中，学习成绩不好了，所有人都开始指责她。家人以前给她多少爱，现在就给她多少指责，她也承受多少压力。她现在感觉已经没有尊严了，所以她要逃离！

孩子的成绩与孩子的能力是不能画等号的。1983 年美国哈佛大学加德纳教授提出多元智能理论，他认为每个人都有八项智能，但每个人的八项智能不是均衡发展的，总会有长板和短板。孩子学习不好不一定将来就没出息，学习成绩是多种因素的结果，怎能单以学习成绩来评判一个人呢？

我用绘画的形式与小欣及其父母第一次沟通之后，仍然没起到作用。无论父母怎么说，怎么劝，小欣还是不愿意上学。父母每天跟着她到学校，等父母一走，她马上就去酒吧。爸爸妈妈可以押送她到学校，但不可能 24 小时都守在她身边，这个方法还是无效。

这一家人的沟通"管道"出现了严重错位。妈妈"管道"流出的"教导"，孩子不愿意接受。妈妈后来说："我现在都让步了，她上不了大学没关系，只要把高中念完就行。"无论妈妈是要求还是恳求都不管用。那么，是什么东西让小欣与父母的沟通"管道"错位了呢？其实就是小欣的需求。小欣需要得到他人的肯定，需要有人欣赏自己。

小欣在夜店受人欣赏，所以她经常去。但夜店并不适合14岁的她，所以她的父母会紧张，越是紧张，亲子沟通"管道"越是无法对接。

我问小欣妈妈："你知道孩子真正需要的是什么吗？"妈妈回答："这我倒不知道。我想知道的是她小时候不这样，为什么现在这样了？"我对小欣妈妈说："你把小欣的小时候放下，先来了解小欣当下的需求是什么，这样才能与小欣做到真正的沟通。"从小欣妈妈的叙述中了解到，小欣小时候学习成绩很好，而且成功地考上了一所重点中学。小欣是与班主任有矛盾后才开始逃学的，她的班主任是研究生毕业刚入职的新人，做班主任缺乏经验和技巧。她成绩好，但就是不写作业，班主任当着大家的面批评了她，从此她和班主任就较上劲了，成绩越来越差，之后就不想上学了，从拒绝听课，慢慢发展成了逃学。

青春期孩子的特点是"长大了"，父母越是烦什么，她越要做什么。有的女孩儿在青春期化妆，也是觉得自己长大了，有了自己的价值观、审美观，自己就应该这样；还有的女孩儿穿有大窟窿的衣服，觉得有个性；有些青春期的孩子开始早恋，一是身上性激素的变化，二是希望告诉大人——"我长大了"。这些家长都不喜欢，家长认为孩子不能这样，可孩子就是要这样。大多父母一味地给孩子教导，可是沟通"管道"没有对接好，一切的说教都是无用功。父母只有先认可孩子，孩子才会和父母做朋友，才会对家长说心里话。小欣回家不是不想说话，是她在家里没有倾诉的对象，所以她去夜店寻求"听众"。

我问小欣妈妈："小欣她有什么爱好吗？"妈妈说："她喜欢唱歌，唱得还真不错。"我说："你怎么没看到她的特长呢？如果她不上学，你愿不愿意给她找一个声乐老师学唱歌呢。""唱歌……"小欣妈妈的犹豫代表了大多中国妈妈的态度：好孩子必须是好学生，别的技艺都是"不务正业"。其实，每一个人的基因不同，怎么可能都走同一条路呢？一个人去做她喜欢的事就会心甘情愿地努力，想做的事而不能做就会有压抑，若压抑的情绪没有出口，迟早会出问题的。

后来，我告诉小欣："听你妈妈说你唱歌特别好，我推荐一个老师教你学唱歌，好吗？"她特别感兴趣，表示愿意。虽然最后小欣并没有学唱歌，但通过与我交流，小欣知道我正在为她的爱好想办法，所以，与我亲近了很多，有些事情也愿意与我交流。

有一次，小欣在夜店认识了一个朋友，只有16岁，怀孕了，小欣为了照顾朋友，把她带回家去住。妈妈不知道该怎么办，打电话问我到底让不让她的那个朋友住在家里。

"你必须让她住下。"我说。当下小欣不仅与父母沟通出现问题，而且还处在青春期，如果妈妈不同意她的朋友住在家里，就会激发小欣的叛逆情绪，搞不好小欣立即就能跟着朋友离家出走。青春期的小欣不仅表现得非常仗义，更会向父母证明她的观点：好朋友有难必须帮助！这也是小欣在向父母宣布：她长大了，她有自己的观点，她有自己的朋友圈。我接着对小欣妈妈说："你不仅不能否定她的这种仗义，还要热情招待小欣的朋友，但是之后需要与她们俩心平气和地谈一谈。"我详细地告诉小欣姆妈应如何先安抚她们，然后再问那个女孩与妈妈联系了没有，要不要打电话告诉妈妈自己在哪里，等等。妈妈照我说的做了。小欣没想到妈妈会如此"通情达理"，那天吃完饭还主动帮妈妈洗刷了碗筷。

周九悦　绘

　　小欣最后一次来我这里时，说出了她心里的一个愿望，她想要开一个店。我说："自己开店也挺好的，可以把自己的理想变成现实。你想开什么店呢？"

　　她说："刺青！"我说："刺青也很好，它是一种人体艺术。不过你多大了？"她回答说自己14岁。我问："你才14岁啊，还不够法定年龄，办不了执照怎么办呢？"她想了想说："嗯，是个问题。"我说："不办执照开店就是违法，你这么好一个孩子不可能不遵守法律呀。"

接着，我为她分析道："你想一想，刺青是一个普遍的消费，还是为少数人服务的行业？你这个年龄不可能用钱玩儿一个店，你爸爸妈妈又都是工薪阶层，如果他们给你投资开店，将来你还得偿还他们给你的投资吧？从这个角度来看，你要尽快挣回本钱才行，否则经营就不能算成功。我相信你一定想经营成功，你不仅要保证自己的生活，还要把爸爸妈妈的投资尽快收回来还给他们。"

小欣点头称是。我继续为她分析："你想一想，你的刺青店的客流量多大才能挣钱。如果从求生的角度来看，一定是做大众而不是做小众的……"我这样一分析，小欣连忙说："我不开店了，还是先上学，等到 16 岁之后再说吧。"

我跟小欣妈妈说了我们的对话过程，小欣妈妈说："我们都没跟她这么详细地分析过，她爸爸和我就知道说：'开什么店！刺青都什么人才去做的！'"小欣爸爸妈妈的这种方式完全就是堵，孩子"管道"里的情绪无法往外流。

认可孩子的突发奇想，再从他的角度去进行分析，最后由他自己做出决定，既可以帮助孩子成长，也实现了亲子双方的愿望。

智慧妈妈

我们对孩子的教育只有学科知识，没有生活常识，从不教孩子如何活着，如何释放情绪，如何发现伟大的自己！家庭教育中，父母的任务应该是教会孩子尊重生命、表达情绪、自我梳理、自我认识，甚至经受挫折等，以弥补学校教育的缺失。

给予爱：应对孩子自虐的方法

我在辽宁省抚顺市做培训时，一位老师给我讲了这样一个案例：

幼儿园大班有个叫蒙蒙的男生，一直和母亲生活在一起，父亲在外地工作，很少回家。这个孩子在认知、语言、艺术和遵守规则方面都不错，可有一样让老师很头疼——喜欢自虐。比如上课的时候，他没有得到小贴画，就使劲掐自己；老师提问，如果同时几个孩子举手，第一个没有叫到他，他也掐自己；如果叫到他，他没有回答正确，他也掐自己。跟家长沟通几次后才知道，原来他在家也喜欢掐自己或打自己。

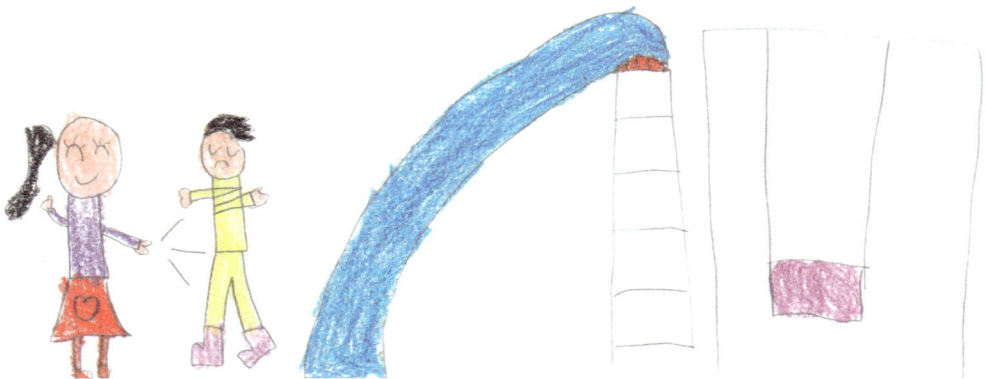

珊珊 绘

在幼儿园参加户外活动，蒙蒙与小朋友一起做游戏时不小心撞到一个小朋友的肚子，其他小朋友见状，与被撞到的小朋友一起跑到老师面前告状。老师批评了蒙蒙，并告诉他应该与小朋友团结友爱，好好地玩儿。他受到批评后，低着头，一言不发，嘟着小嘴，眉头紧皱。过了一会儿，开始美术活动时，他便拿出水彩笔涂抹自己的额头，用手指使劲掐自己的胳膊，小朋友见了都笑他像丑八怪，于是他又用头拼命地撞击桌子。老师立即制止他，问他为什么这样做，他也不回答。

一次讲故事活动中，蒙蒙把故事书弄破了，老师要他下次小心一点儿，他就不停地骂自己："我怎么那么笨！笨死了！我真笨！我怎么这么不小心？"

后来，老师与蒙蒙的妈妈沟通。妈妈说蒙蒙从小自尊心就强，接受不了批评，一受到批评就会责骂自己或打自己。他的玩伴比较少，妈妈曾带他去看过心理医生，但没检查出什么问题。

这位老师问我该怎么办。我想，这个孩子需要爱，我不认同家长和老师对他的指责和批评。孩子自虐行为的背后也许隐含着很多方面的原因。

第一，自虐是孩子寻求自我安慰的一种方式。比如，年龄小的孩子感到无聊又无人看管时，他们通常会通过打脸、打头、抓头发、扯耳朵、掐胳膊等方式来消磨时光，给自己一种安慰。

第二，孩子通过自虐平复自己的情绪。3岁以下的孩子语言表达或情感诉说能力欠佳，无法准确地描述自己的情绪，会采用"自虐"的方式来让自己变得比较平静。当人被压抑太久时，负面情绪不能向外发泄便会转向攻击自己。

第三，很多孩子通过自虐吸引成人的注意。当他们情绪烦躁或试图吸引成人注意时，会偶尔出现自虐行为，一旦成功地吸引了成人的注意，就会从这样的事实中获得相应的经验，每当想要引起成人的关注时，就会采用"自虐"的招数来要挟成人。

第四，孩子的身心发展可能出现了障碍。比如一些孩子有某些耳部疾病时，可能会通过打头来缓解疼痛。患有孤独症的孩子出现智力障碍问题时，也会有自虐行为出现。

当家长或老师发现幼儿有自虐行为时，一定要先搞清原因，然后寻找解决方法。如果孩子的自虐行为不会弄伤自己，不必去看医生，家长或老师可以采用以下途径来帮助他们，比如：

●给幼儿讲道理。两岁以上的孩子都能听懂一些浅显易懂的道理，所以当幼儿出现自虐行为时，家长或老师可以通过耐心的安慰性的语言讲解，来缓解或制止幼儿的自虐。

●保护孩子不受伤害。当孩子出现自虐行为时，家长或老师根据状况，可以用一些柔软的物品遮挡一下孩子的身体，避免他们在行为过程中弄伤自己。比如孩子打头时，可以用枕头、毛毯等物品遮挡头部，防止头部被击打受伤；若孩子掐自己时，成人可给予孩子胸对胸的拥抱，一来缓解孩子情绪，二来把孩子的双臂分隔开。

●满足孩子感受节奏的需求。孩子自虐时，成人可以将他抱在怀里，一边哼唱带有轻松愉快节奏的儿歌，一边轻轻地摇晃他。若孩子个子比较大，家长或老师抱起来有困难，可以拉起孩子的双手，同他一起跳舞，或喊着节奏往前迈步，左右摇晃。通过这种方式，可以立即给予孩子安慰，让他停止自虐行为。

●给孩子创造发泄情绪的条件。孩子虽然年幼，但也有情绪和自我意识，所以和成人一样，有时会情绪好，有时会情绪异常。当孩子情绪激烈时，由于受语言表达的限制，他们不能够很好地叙说，急了就会自虐。因此，家长和老师可以提前准备一个发泄的空间或发泄物，在孩子情绪激烈时，让他去击打那个发泄物。父母不要因为孩子自虐而责骂甚至打孩子，这样只会给孩子更大的压力，加重孩子的自虐行为。

智慧妈妈

当孩子的自虐行为很严重，经常导致自己受伤时，一定要带孩子请求专业机构的帮助或治疗。

男生女生：按性别给予孩子不同的养育方式

有一次，一位幼师毕业的学生到我们幼儿园来面试。面试结束的时候，我说："非常欢迎你，我们这里有男生宿舍。"她马上纠正道："园长，我是女生呢！"

很抱歉，我真没有看出来她是女生。她接下来提出的第一个条件就是："我可不可以不穿女老师的裙装，我要穿男老师的西服。"这样的女孩儿就是对女性

我是女生！

杨沐恩　绘

角色的不接纳。

后来通过对她的观察和了解，发现形成这种情况的原因主要有两个。第一，她在单亲家庭长大，从小由父亲带大，所以她的行为举止都模仿父亲，坐姿时叉开双腿，说话时大大咧咧；第二，她的家庭文化给她的也是一个男性的认知，父亲从小也把她当男孩儿养育。她从小到大没有梳过小辫子，都是像爸爸一样的短发。这些都对她的性别认同有很大的影响。

在社会中也是如此：爸爸带得多的女孩儿，一般性格都是粗线条，跟男孩儿一样；妈妈带得多的男孩儿，比较柔和，缺乏阳刚气。这是孩子内在力量储蓄的刺激，在外显行为中的具体表现。父母亲可能没意识到：如果一个人不认可自己的性别，长大以后或许会产生一些心理问题。

家长在养育孩子的过程中，应当按他们的性别给予不同的养育方式。女性为什么是女性，她与男性的染色体是不一样的，既然不一样，养育的方式就应该不一样。所以，家长养育儿子和养育女儿的方式绝不可以一样。

除了家庭的教育，社会影响也不可忽视。比如，如果一个孩子常穿一件又大又邋遢的校服，人体的美感完全被校服所遮盖，这会极大地影响这个孩子的审美。孩子的价值观是在现实符号中建立起来的，而现实不是纯粹的自然，现实是社会建构出来的，更是经由语言构成的。所以我们说要尊重生命，就是尊重生命原本的规律。然而这需要的不只是一段时期的努力，更需要我们的教育观、生命观、家长观的改变。

有一些年轻的家长受不同时期社会文化的影响，会把明星的发型，甚至是怪异的发型用到孩子身上。一次我去一家幼儿园讲课，看到 3 个两岁小男孩儿的怪异发型：一个是整个没头发，在一侧留有一绺头发；另一个也是整个没头发，后面留一个长长的辫子；还有一个是整个头发都被剪短，只有后脑勺的一绺头发留长了。我问其中一个孩子："你觉得你的发型好看吗？"孩子哭丧着脸说："我说不好看，可我妈非说好看。"

　　有一次，我在社区做亲子活动，一个小男孩儿站起来向大家打了个招呼，在

王梓童　绘

场的人都笑了，因为他的发型很奇特。我问他："这发型谁给理的呀？""昨天我妈理的。"他特生气地回答。我问："你觉得怎么样？"他说："一点儿都不好看，我妈非要给我推成这样。"他妈妈就在现场，随着众人也大笑不止。我感到很难过，这位妈妈居然没有感受到孩子内心的痛。孩子有自己天生的审美，他知道自己该留什么发型，而妈妈却不顾孩子的感受，把孩子的发型当作游戏，孩子自然成为了玩偶。

我当时就想，我们幼儿园绝对不允许孩子们留这种怪异的发型。

等孩子长大后，将孩子的发型改为常规发型，从心理学角度来看，孩子的形态环境和视觉环境将要发生重大变化，孩子内心需要经历一场"裂变"；从行为学的角度来看，孩子已经接受了自己的发型后，再改变就是"矫治"了。家长朋友，你们是否想过将来孩子这种转换角色的痛苦？

我常常要求自己团队里女性老师买衣服的时候要记住自己的职业，不要追求所谓的潮流。我们是人民教师，是孩子行为示范的榜样。所以，无论是家长还是老师，在给自己选择服装的时候，在打理发型的时候，一定要想到，你身上任何一个外部细节，都会对孩子的一生产生影响。

智慧妈妈

孩子的世界观、价值观，以及他对周围一切的认知都是逐渐形成的。他们会通过声音、视觉、触摸、活动以及人们说话的语音语调来获得信息，并据此对有关自身的含义和信息进行推断。通过这种方式，孩子去看世界，听世界，触摸世界，发展自我价值感。爸爸妈妈以及他们周围的人怎么看待事物，孩子直接受其影响，进而形成自己的世界观。而这些认知中，有些是合理的，有些是不合理的，孩子就这样在困惑中长大。

悠悠与小弟弟：
改变孩子的不合理认知

　　悠悠是一个两岁多的小女孩儿。一天她妈妈带着悠悠找我求助，叙说自己和出生5天的儿子从医院回家刚进家门，悠悠迎上来就"啪啪"打了弟弟几个耳光，妈妈很不理解孩子的这种行为。我让妈妈仔细回想一下悠悠的变化。事实上，从妈妈怀孕5个月，肚子越来越大的时候，悠悠就开始有情绪了，以后情绪越来越

大。后来，妈妈住院生产，爸爸和姥姥经常到医院照看，悠悠在家里只有保姆陪伴，恰巧孩子又处于第一逆反期，情绪就没有发泄的地方，最终只能将情绪发泄到5天大的弟弟身上。因为在孩子的下意识中，认为弟弟是来抢夺自己的爱的。

悠悠的这种情况其实在现代家庭中很典型。现在有两个孩子的家庭中，老大常常会欺负老二。父母不在家，他们就会充当家长的角色，或命令弟弟妹妹做事，或打弟弟妹妹。

我让悠悠绘一幅画儿。她虽然还画不出具体的人物，但从她的绘画中可以看出，她把自己画得特别小，弟弟画得非常大，爸爸和保姆也很大。可见，她的内心是多么不接纳自己。可她又把自己画在中央，被爸爸、妈妈、爷爷、奶奶和保姆包围着，而弟弟孤零零地在左侧。

悠悠的这种情绪让爸爸妈妈不知所措，只能将悠悠送到爷爷家，请老人照顾。看不到父母，悠悠的情绪更大了。其实这是悠悠的沟通"管道"堵塞了，她自己无力梳理，因为症状是不可控制的。有时她在幼儿园故意捣乱，就是希望引起爸爸妈妈的关注，希望得到爸爸妈妈的关爱。小孩子大部分都有这样的潜意识，这是人性的自然状态。家里多了一个新成员，孩子认定新成员是来争夺自己的爱的。家长需及时、正确地引导，让孩子明白家中多一个人就能多带给他一份爱和陪伴。

悠悠打弟弟的行为，表明她沟通"管道"里的情绪要出来。一般来说，人们发泄内在的情绪首先是向外攻击，在没有向外攻击的机会时会向内攻击。悠悠接受的信息和刺激是：有了弟弟，她的"非常6+1（爸爸、妈妈、爷爷、奶奶、姥姥、姥爷，6个大人围着一个孩子转）"优势没了，大家不再像弟弟出生前那么照顾她了，所以她选择的第一个攻击对象就是弟弟。这种状况下，父母不能责备老大，

爸爸

爸爸

自己

妈妈

弟弟

奶奶

家里保姆

悠悠的画

改善的重点是帮助孩子把情绪梳理出去，注意不要把关注点都放在新生儿身上，而要与老大及时沟通。

一般低龄儿童由于词汇不够丰富，不太能表达自己的情绪，他们使用最多的词汇就是"开心""生气"和"难过"，*正因为他们无法用言语表达，才把困扰表现在行为上。*他们把大多精力消耗在被烦恼淹没的情绪上，他们还没有能力把情绪和烦恼说清楚，更不会把烦恼进行分割，他们需要的帮助是将烦恼抽丝剥茧。

看完悠悠的绘画后，我拿出一团毛线，对她说："每个人都会生气、难过，甚至愤怒，就像这团毛线，全都缠在了一起，今天让咱们把它解开吧。"之后，我从毛线团中拉出一段毛线剪下，说："瞧，这是我的担忧，我总担心妈妈会不会离开我。"然后我又拉出一小段毛线,剪下来说:"有时我还会担心弟弟会不会去我的房间。"我把毛线团递给悠悠,问:"你有什么不开心的?"悠悠像我一样剪下一段毛线,说:"我不知道要在爷爷家住到什么时候。"我说:"那让咱们把它拉开来看看吧。"我把她剪下的毛线一段固定在一把椅子上,另一端固定在另一把椅子上,问:"还有什么不开心的,都可以拉出来看看哦。"悠悠接下来又剪下一段毛线,我又把它纵向固定好,这时悠悠有点儿兴奋,不知是毛线把她的情绪拉了出来,还是认为我在和她玩儿毛线游戏。突然,她拉着毛线绕着椅子来回盘了好几圈,说:"有了弟弟,我会不会就见不到妈妈了呢?"我想,这也许就是悠悠最纠结的情绪,因为她把毛线绕了好几圈儿。"还有什么让你不开心的?"我又问,悠悠摇了摇头。"我和悠悠开始通过语言讨论,每讨论出一个解决问题的策略,我就让她剪断一根毛线,一根又一根,直到把所有毛线全部剪断,悠悠非常高兴。然后我带她到幼儿园职业体验区域去,玩搭积木、做饭、看医生等游戏,同时,我不断地肯定她说:"你长大了,是大姐姐,将来你要帮助弟弟,你是弟弟的老师,你可以教弟弟搭积木。"

后来妈妈告诉我,悠悠每天回到家,爸爸妈妈都会先安抚她,现在悠悠已经是一个懂事听话的大姐姐了。

一个人的认知在很大程度上影响他的行为。只有当一个人的认知发生了改变,他才会心甘情愿地改变自己的行为。所以,父母要改变孩子的行为,用命令的口吻,或是打骂的方式强制性要求孩子改变,往往收不到良好的效果,即使孩子改变了,也是暂时的,当父母不在身边时,他还会继续以往的行为模式。

任何时候,任何事情都会有不同的认知角度。同样的一杯水,有人看到的是空杯的部分，有人看到的却是盛有水的部分。父母应该让孩子学会看事物积极的一面。

智慧妈妈

拉剪毛线的技巧经过调整可以处理各种问题。孩子可以将问题抽丝剥茧，解决认知扭曲，分析负向的自我对话，或创造出全新的宣言来建立自尊。给孩子一个正确的自我认知的角度，就等于给孩子一个积极生活的态度。

挫折教育：让孩子去体验他人生的每一次甘苦

生命既伟大又渺小。一个年仅 12 岁的男孩儿小龙因为爸爸数落了他几句不该玩儿游戏，就上吊自杀了。

一天，小龙的父亲见小龙又去网吧玩儿游戏了，非常生气，把他从游戏室里拉出来后教育他说："你妈妈每天要干十多个小时，我每天也要忙得浑身是汗，这还不都是为了你吗？"见小龙一言不发，父亲继续说，"你要好好读书，不要一有时间就往游戏室跑，全家都指望你啦，不学好怎么能行。"小龙乖乖地听着。当父亲回家推开门时，却发现小龙倒在门口，脖子上有根粗粗的红布条，一只凳子倒在旁边。大家七手八脚地将小龙送往医院急救。虽经医生全力抢救，小龙还是永远离开了人世。

这是某报纸报道的一个真实事件。

另一家媒体报道：安徽省阜南二小六年级 6 班的女生小梦和周周，在莹莹和朱朱两名同学的注视下，在教室服下剧毒农药敌敌畏自杀。自杀前，两人在黑板上留下遗言，周周写道："如果我死了，就怪数学老师，请警察叔叔将她抓走。"小梦写道："我好累，她们都不理解我。"

……

我们不禁要问，今天的孩子为什么会如此脆弱？

我国独生子女家庭基本是"非常6+1"的结构形式：爸爸、妈妈、爷爷、奶奶、姥姥、姥爷，6个大人围着一个孩子转。因为孩子数量少，生怕孩子受到伤害，于是孩子在极度呵护中长大。很多家长总是以爱的名义剥夺孩子的权利，他们不希望看到孩子失败，以为自己指给孩子的道路才是唯一正确的。比如，孩子想吃

周九悦　绘

芒果冰激凌，家长曾吃过觉得不好吃，就说："别吃那个，太难吃了！"可孩子偏要吃芒果冰激凌，家长不让，坚持推荐自己喜欢吃的那款香草冰激凌。其实，每个人的口味不同，孩子吃了，也许会觉得好吃呢，如果他真的觉得不好吃，下次他就不会再买了。

大家都知道情商与智商，今天我提一个新词挫折商。我们的人生之路就像一座山，只有5%的人站在山顶，他们是情商、智商、挫折商俱佳的人，还有65%的人处于半山腰，这些人具有情商和智商，另有30%的人在山脚下望山兴叹，他们只有智商，没有情商和挫折商。为什么成功的人只是少数？因为一个人的成

功，不仅要有百折不挠的吃苦精神、丰富的阅历，还要有社会环境、家庭环境、文化环境、地理环境等因素的综合刺激。

孩子的成长包括成功，也包括失败，这都是他成长过程中必须经历的机会。家长要珍惜并鼓励孩子去体验他人生的每一次甘苦，获得每一个机会，比如摔倒的机会、失败的机会、成功的机会、合作的机会……所有的机会加在一起才是成长。

儿子小时候，我跟他玩儿扑克牌。那时他还不太会玩儿，但对扑克牌非常感兴趣。我先让他赢，然后让他输。他说："我怎么输了？下次我一定要赢。"那么，下次我就让他再赢一次。我说："你看，你说赢就能赢，真是厉害！"我让他连续赢两次再输，他就说："下次我一定扳回来。"可是，这一次我没让他马上扳回来，他连续输了几次。他虽然有些沮丧，但还是不服输，努力让自己赢。这就是一个挫折商的训练。

珊珊　绘

如今年轻的父母见不得孩子受委屈，如果自己的孩子和小朋友一起玩儿时被咬了一口，妈妈心疼得都会同对方家长翻脸；孩子的奶粉爸爸给冲得热了，妈妈会指责丈夫5分钟；孩子在幼儿园磕了碰了，家长会找园长讨说法；老师批评一下学生，家长就会有意见，觉得老师不尊重孩子……

长期在顺境中长大的孩子，自我评价相对较高，容易在受挫后因为自尊体系受到冲击而产生两和极端反应：一种是可能会从高度自信的状态，进入自我否定的状态，把失败的原因归结在自己身上，称为"内归因"，在情绪上可能出现焦虑、抑郁、悲伤、委屈等反应；另一种是孩子因为一直在鲜花与掌声中长大，自我感觉良好，当出现挫折与失败时，往往归结到外部环境，称为"外归因"，这时他们可能无法接受他人的指责，产生不满、愤怒、怨恨的情绪，甚至做出一些极端的行为，例如攻击老师、家长或同学。因此，在日常生活中，适当地让孩子接受一些挫折教育，有助于以后他的健康成长。

所谓挫折教育，就是指个体在从事有目的的活动时遇到的障碍、干扰，并难以克服，致使个人动机不能实现、个人需要不能满足而产生的消极情绪体验和心理状态。长期以来，挫折教育在我国大陆地区的家庭、幼儿园和学校是缺失的，需要尽快地补上这一课。

对儿童的挫折教育要根据不同的年龄进行不同的教育。学龄前儿童重在放手锻炼。首先，尽量让孩子离开父母的保护圈儿，放开手脚，做自己能做的事，比如吃饭、穿衣等事情，不要怕麻烦，让孩子反复做，孩子在不断实践中能够找到正确的方法；其次，要让孩子进行体能上的锻炼，家长可以利用节假日带孩子徒步郊游、爬山、逛公园，体验艰辛的同时也品尝快乐；第三，可以通过游戏活动，让孩子尝试受挫，让他体会受挫折的感觉，学会自我调节。

　　小学阶段应以儿童个性为前提，向孩子灌输遭受挫折的思想。人的一生不可能一帆风顺，遭遇困难和挫折在所难免，要有充分的心理准备，接受挫折，然后想办法努力克服。另外，根据小学生身心发展和教育的需要，创设某种情景，提出某些难题，让孩子通过动手动脑来解决问题，从而使他们逐步形成对困难的承受能力、对环境的适应能力，培养他们不怕困难、坚忍不拔和顽强进取的坚强意志。

　　孩子是一个社会人，与众多生命一起共同分享着来自同一个地球的精彩。他们良好心理品质的形成需要一个漫长和复杂的过程，不可能一蹴而就。因此培养孩子成长为一个合格的人，适应社会的人，任重道远。

智慧妈妈

设置挫折时要注意孩子的个性特点，因人施教。对于特别内向的孩子，要以鼓励教育为主；对于性格外向、骄傲自满的，可直言不讳地批评教育。另外，要考虑孩子的承受能力，不能为了培养孩子坚强的个性而经常打压他，这种做法往往适得其反。

第 7 章

家长沟通 "管道" 的养护

从遗传学角度看，儿子的智力完全取决于母亲，女儿的智力则父母各占一半。从教育学角度看，早期教育是人生的"布网"教育、"根"的教育，而母亲是家庭教育中的主角。由此可见，母亲角色在孩子一生中占有重要地位。

父母需要上岗证

外地的一位园长打电话说想了解我们的早教情况。他问我们的教学与人们比较熟悉的某个早教机构有什么区别，我直言："那些早教机构大多是儿童游乐场。"他说："可人家就叫早教机构呀！"

确实，早教这个词在我国讲了近 20 年了，它到底有怎样的含义？俄国著名的生物学家巴甫洛夫说，当孩子出生第三天进行早教就已经晚了两天，由此可见早教的重要性。我在一次家长培训会上就早教的解读提了三个问题：第一，"什么是早教？早教的年龄如何划分？"大家说不清到底什么是早教；关于早教的年龄，有的说 3 岁～6 岁，有的说 0 岁～3 岁，有的说从胎教开始。第二，"早教重要不重要？"大家都认为重要；为什么重要，大家都摇头回答不知道。第三，"早教对人一生的影响是什么？"大家都摇头，基本上没人能够回答。可见，家长对早教的概念和意义认识模糊。

现在很多商业机构歪曲了早教的理念，把行为建立、早期应该给予孩子的刺激变成了商业游戏模式，很多所谓的早教机构是靠现代化玩具组装而成的。其实，早教解决的应该是科学育儿的问题。真正的早教机构需要帮助家长构建科学育儿计划，指导家长在家里科学养育。比如说家长如何应对孩子经常出现五大感觉系统的问题（人有七个系统，其中味觉和嗅觉系统一般后天不会出现问题，除非孩

197

子天生有问题，天生的问题后天没办法改变，其他五个系统都是可以改变的）。如果孩子没有问题，科学的游戏能够促进孩子更好地发展，更健康地成长。就像我们本身没什么疾病，为什么还要保健呢。如果孩子有问题，科学的游戏可以起到矫治的作用。一般家长并不知道这些，只有专业早教老师告诉他们后，他们才知道如何去做。可见，早教老师重视的应该是对家长的指导。

1980 年，英国伦敦精神病研究所卡斯比教授同伦敦国王学院的精神病学家进行了一项别具一格的试验观察。研究者以当地 1000 名 3 岁幼儿为研究对象，先是经过一番调查分析，然后将他们分为五种类型：充满自信型、良好适应型、沉默寡言型、自我约束型和坐立不安型。到 2003 年，当这些 3 岁孩子都长成了 26 岁的成人时，卡斯比教授再次分别与他们进行了面谈，并且走访了他们的朋友和亲戚，结果令人十分惊讶：这些当年 3 岁孩子的言行竟然准确预示了他们成年后的性格。卡斯比教授对自己的试验结果进行了总结，并在 2005 年发表了报告演说，这一报告在国际育儿学术界引起了轰动，为"3 岁看大"的说法提供了强有力的证据。卡斯比教授指出：一个人对 3 岁之前所经历的事情会像海绵一样吸收。这意味着孩子性格形成和能力培养的关键期就在 3 岁之前，这个阶段的孩子跟随什么样的人，接受什么样的教育，就会形成相应的性格。与孩子朝夕相处的成人所说的每一句话，所做的每一个动作都会深深地印刻在他们的心灵深处。

孩子 3 岁之前是行为建立的关键。据我 30 多年的经验，发现一些良好的行为习惯如果没有建立好，那么 3 岁之后就需矫正。3 岁～6 岁是最佳矫正期，6 岁之后基本是两年一个阶段，12 岁之后几乎不可改变了。因为 3 岁幼儿的大脑和成人的大脑重量几乎一样，差别在脑突触的连接上。从大脑扫描图上看，3 岁幼儿的脑

珊珊　绘

突触密密麻麻就像草根，而成人的就像一个树冠，枝杈分明。等孩子长到 2 岁开始筛选那些链接，哪一根儿脑突触得到了刺激，那一根儿就变得粗大，筛选时就会留下；哪一根儿没有刺激到就会弱小，筛选时就会被淘汰。

儿童很简单，却又很复杂。从某种意义上说，儿童成长是一个非常复杂的社会现象。简单，是因为孩子用真情真心看世界，你拥抱他，他便把幸福的拥抱送给你；你朝他微笑，无论认识与否，他马上就会朝你微笑，并夹带上更多非语言元素回报你。若你对他有一丝的不友好，他立即会翻脸，认为你是世界上最坏的人。孩子就这么简单！复杂是因为一个弱小的生命呱呱坠地后就会学习，就懂得用哭声表达自己的情绪，5 周大就会微笑，两个月大就会发"啊—啊—啊"的音，父母很惊讶："这么个小精灵怎么什么都会！"就这样孩子一天天长大了，父母

199

开始发现问题："我的儿子是不是多动症？"父母满怀忧心；"我们家孩子太任性，怎么办？"父母很无助；"你怎么搞的，这么不听话。"斥责的声音不断。在父母责问孩子时可曾问过自己："我们怎么搞的，把孩子养成了这个样子！"这就是孩子的复杂！

父母花大力气，孩子不一定朝"力"的方向发展，因为生命的成长需要一个恰当的"管道"，力气再大，角度不对，"管道"衔接会出现问题，必然不通畅。所以生命的成长需要感知觉的发展、情绪的发展、智力与刺激和思考及语言能力的发展。更不可思议的是每一个孩子一出生就带着他的气质来见父母，不同气质的孩子如何被调教成社会认可的栋梁，太复杂了！面对不同气质的婴孩，父母必须选择最适当的养育方式，他才有可能乖巧、乐观、孝顺、自信、成才，这就要求养育者首先要成为胜任的教育者，然后才有可能帮助孩子完成一个复杂的成长历程，描绘精彩的成长故事。因此，父母需要上岗证。

在职业分化的今天，做教师要有教师资格证，做会计要有会计证，做早教老师要有早教岗位证书……每年都会有在职培训，可唯有做父母，未经培训。无论是计划内怀孕还是计划外怀孕，只要孩子一出生，便自然升级为父母。也许在生孩子之前，父母做了一些准备：奶粉、尿不湿、小推车、儿童房间等，可这些都是物质上的准备，而育人这么大的工程怎么可能不做家庭教育的准备呢？比如：当下中国的教育模式有什么类别、计划给孩子提供什么样的教育模式、如何高质量地陪伴孩子、孩子在成长过程中有几个逆反期、孩子出现成长问题后如何帮助孩子矫正，等等。

家庭是早期教育最主要的场所。比如有的孩子双侧平衡不好，对专注力有很大的影响，假如父母懂得一些育儿技术，在家就可以和孩子一起做一些平衡训练的游戏，如沿着地砖的砖缝，或在马路牙子上脚尖接脚后跟走路，简单有效，问题很快就能解决。在家同样也可以训练孩子的逻辑思维能力和动手能力，如让孩子给衣服分类，给袜子配对等，完全可以把家庭生活用品变成专业教具。生活是最好的老师，就看家长是否善于选择身边的这些材料，是否有科学育儿的态度和科学养育的技术，这都需要家长在孩子出生之前学习。

很多家长认为自己孩子还小，长大了就好了。其实很多问题等孩子长大再解决就晚了。从心理学角度来看，如果一句话跟孩子说 16 次就会进入潜意识，那么一个动作做了 16 天，可能就形成了一种习惯，53 天这个习惯就会固化了。习惯一旦形成后再改变它就会很艰难！这就是很多幼儿园的老师特别害怕孩子放假的原因。因为假期里很多家庭会把孩子在幼儿园里形成的规律打乱，改变了孩子的生物钟：孩子可以任意喝饮料，和爸爸妈妈一起看电视、玩电子产品，晚睡晚起。孩子再进园时就会很不适应，很多孩子第一天返园时会表现得很烦躁。

家庭教育是伴随孩子一生的教育，是孩子的开端教育，是孩子一生的布网教育，而家庭教育品质取决于家长在孩子童年时期的付出。养孩子如同种庄稼，应时而种，误时难收。教育是智慧的艺术，更是爱的梳理，只有生命才可以抵达生命。

智慧妈妈

对孩子的教育要有科学的计划，正确的指导，理性的措施，父母要做好表率。

母亲的手是推动世界的手

母亲是孩子与世界联结通道的第一个建立者。几千年前降生在草丛和兽皮上的孩子需要母亲的怀抱，几千年后在电子仪器监护下和高档婴儿产品包围中出生的孩子依然需要母亲的怀抱。"母子感通"是母亲与孩子的一种天然感应，这种感应是父亲和其他家庭成员所不具备的。

这是大自然赋予女性的特质。所以说，母亲的手是推动世界的手。

当前众多儿童人格上存在的诸多问题，深究起来应该是母亲出了问题，这足以说明一个人幼年时在家庭教育中母亲给予的影响是根深蒂固的。在孩子的早期教育中，母亲起着决定性的作用。母亲在整个家庭中的影响是不可替代的，所以梁启超先生在《倡设女子学堂启》中说母亲"上可相夫，下可教子，近可宜家，远可善种，妇道既昌，千室良善，岂不然哉，岂不然哉"！

在中国"男主外，女主内"的传统模式里面，孩子出生后，母亲几乎担任照料孩子一切的重任，父亲则忙于事业，为做家庭坚实的经济后盾而努力。母亲与孩子接触最多，是孩子最可亲近、信赖的人。从出生前胎儿在母体内的情感沟通，到婴儿对"妈妈语"的喜好，再到母乳喂养、肌肤安抚、语言浸入，母亲是孩子早期生活中不可或缺的角色，一举一动和情绪情感潜移默化地影响着孩子。

我在社区亲子活动中发现一个4岁女孩儿的举止很奇怪，她从不抬头看人，即使与人说话也不抬头，只是眼睛向上翻。出于职业的敏感，我联系了她妈妈。原来女孩儿的妈妈患有焦虑症，看到人就躲。比如她早上出门去买早点，看到有老邻居在那里排队，她就会赶快躲开。我问她为什么不愿意跟人打招呼，她回答："我现在过得不好，我怕别人说什么。"我说："那只是你想的，别人见了你，说不定只是想送给你一句早上的问候呢。"

她向我描述了她的童年。原来这位妈妈本身就是在暴力家庭中长大的，她认为因为自己是女孩儿，父亲不喜欢自己才会挨打的，如果自己是个男孩儿，父母就不会打自己了。我让她画"家族树"，发现她之所以挨打并不是她想象的那样，而是她的家庭中有暴力的习惯和传统。爷爷打爸爸，外公打妈妈，爸爸妈妈打她。按道理来说，自己挨打都这样委屈了，应知道自己的女儿一定不能挨打了，可她还是一样打女儿，打得女儿都不愿意抬头，夹着肩膀低着头做人。这就是这位妈妈的妈妈给她奠定的生命基础。她并未意识到她的原生家庭功能的失衡，而她依然在复制她母亲的育儿经——不但没有到她这一代得以完善，还在一代一代地传承。

这位妈妈的人际关系不好，大学毕业后每一份工作都是被人际关系所困而选择辞职。由于她是在打骂甚至恐惧中长大，所以没有安全感，与人说话必须保持一定的距离。比如，每次她来我办公室，我和她面对面地坐着，即使中间隔了一个茶几，她也要把椅子往后挪了再挪，她说这样自己才不会紧张。这样的妈妈，内心该有多么不安全和焦虑啊，她怎能教出自信、快乐的孩子呢？妈妈活得不好，她的孩子也好不到哪儿去，因为她会不断地把自己的负面情绪感染给女儿。后来，我给这位妈妈做了近一年的治疗，通过安抚技术让她立即停止打女儿，又用叙事治疗技术使她与自己的父亲和解停止了战斗。慢慢地她不再打女儿了，亲子关系得到了缓和，孩子也变得开朗起来。后来她告诉我："现在想想，其实我前夫也很好，就是我整天闹离婚闹的。"她的焦虑症就是出现在她离婚之后。

家长的焦虑和纠结会下意识地传递给孩子。孩子受到影响，也会变得焦虑和纠结。情绪就像流感一样，具有很强的传染力。有一位在学校做出纳的妈妈，每到收费的时候她就焦虑得睡不着，连做梦都在数钱。每天经手现金时，她会在验钞机上数三四遍，生怕出差错或收到假币。下班回到家里，她的这种焦虑情绪就会释放到丈夫和女儿身上，女儿开始整天哭闹。当夫妻俩把女儿带进我办公室，我请小女孩儿画了一幅房、树、人图后，我对这位妈妈说："你女儿缺乏爱。"

妈妈一笑："她缺爱？怎么会呢！她要吃的有吃的，要玩儿的有玩儿的。"她们一家三口和外公外婆生活在一起，妈妈工作忙根本没时间管孩子，外公外婆对女儿非常娇惯，所以她认为女儿不可能缺爱。我说："孩子需要的不仅仅是吃和玩儿，她需要内在的沟通。现在从她的画儿上看她的内心是孤独的。"然后我请她和她丈夫各自画了三棵树，听了我对他们夫妻俩所画的树图的解读，他们终于相信女儿的问题和他们夫妻的问题。经过一个多月的治疗后，他们走进了和谐的夫妻关系和亲子关系中。亲密母子关系是亲密父子关系的前提，亲子关系的质量又决定了孩子未来和整个世界和谐相处的质量。

一个人一生中最早受到的教育是来自母亲实施的早期教育，并受益于早期教育中母亲的教育技巧。心理学家阿德勒说："所谓母亲的技巧，我们指的是她和孩子合作的能力，以及她使孩子与她合作的能力。这种能力是无法用教条来传授的，每天都会产生新的情境，其中有很多地方都需要应用她对孩子的领悟和了解。

她只有真正对孩子有兴趣，而且一心一意要赢取他的情感，并保护他的利益时，才会有这种技巧。"母亲几乎奠定了孩子一生发展的基础。

做母亲需要智慧！

智慧妈妈

家庭教育不可忽视父母的"示范效应"，父母一定要为孩子树立良好的榜样。母亲在教育孩子的同时，也必须关注自身的成长。现代家庭教育需要父母和孩子共同成长。

与孩子的战争没有赢家

天下的父母无不疼爱自己的孩子。但由于过度疼爱使得我们的孩子任性而骄横；由于过度照顾使得我们的孩子依赖、懒惰和无能；由于过度保护使得我们的孩子心理脆弱、胆小且孤僻。这些问题表明我们不是合格的父母，更不是称职的老师。正是我们不当的行为造成了孩子的畸形成长，影响了孩子的生命质量，而这一蝴蝶效应的初始条件就是孩子 0 岁～6 岁的早期教育。

洋洋是一个 4 岁的小女孩儿，她长得非常可爱，她的妈妈是国内某著名网络公司的高层领导人，她的爸爸是金融界的佼佼者。可是当妈妈提起洋洋时，眼泪就会吧嗒吧嗒地往下掉。原因是洋洋太倔、太任性、太自我，妈妈说她自己 4 年来"从未战胜过女儿"。

爸爸妈妈带着洋洋走进我的办公室。他们一落座，妈妈就抱怨道："她现在越来越犟，我一点儿办法都没有，有时还被她搞得不知所措。"接着，妈妈讲了几天前发生的事：

妈妈带着洋洋去商场买芭比娃娃，洋洋非要 20 个，妈妈说买两个。洋洋不愿意，就躺在地上打滚儿，弄得商场的不少人都来围观。无奈之下，妈妈抱起女儿冲到停车场，把她塞进车里开车就走，洋洋就要跳车，妈妈气坏了，狠狠地说："你跳吧，跳下去就会摔死！"没想到洋洋却硬碰硬地说："摔死就摔死，摔死

周九悦　绘

了你再生一个！"妈妈拿洋洋一点儿办法都没有。

　　妈妈刚把这件事描述完，一旁的爸爸马上怒气冲冲地指着妈妈对我说："女儿和她一个样儿。"

　　在一旁不满的女儿也插嘴道："你们光说我，你们还吵架呢。"

　　妈妈冲着女儿喊："谁吵架呀，净瞎说。"

　　丈夫辩解道："都是你妈跟我吵。"

　　见这个阵势，我忙叫助理把洋洋带到钢琴房去弹琴，先同爸爸妈妈沟通，之后再和洋洋交谈。

　　原来，妈妈平日工作比较忙，很少能挤出时间陪女儿，缺乏应有的平等沟通，有时看到洋洋不乖就会口无遮拦地训斥。女儿不服气，便对妈妈声嘶力竭地喊叫。

爸爸一直指责妈妈给女儿买东西无度，并且还讽刺她说："女儿不需要她也买，因为她有钱呀。"

妈妈承认这一点，马上向我解释说："我小时候很苦，现在条件好了，我就是不想让女儿再像我小时候那样苦。"

洋洋妈妈小时候特别苦，所以她不想让女儿受苦。她平时忙于工作，没有太多的时间陪女儿，就想在物质上尽量给予满足，不管女儿是否需要，她都会买，而且她买了女儿就得用，不用她就很生气。有时候她看到漂亮的裙子很适合女儿，即使价格几千块，她也会买给女儿，并强迫女儿穿，可女儿并不喜欢，根本不愿意穿，于是她气得打女儿。孩子根本不懂得东西的价值，更不会根据一件东西的价格去判断这件东西的好坏，他们只是纯粹地喜欢。所以在购物方面女儿和妈妈的矛盾非常大。

等我和洋洋交谈时，发现她不停地摸办公室的物品，当我告诉她在同我谈话时应怎样做后，她马上就能做到。她除了抱怨爸爸妈妈爱吵架，而且吵架时喜欢怨她外，没有更多的意见。

临别时，我送给洋洋一些贴画，并对她说："从现在开始，你可以每个周末和爸爸妈妈一起开家庭会议，你做得不好的地方，爸爸妈妈可以批评你；爸爸妈妈不对的地方，你也可以批评他们。谁表现得好，就奖励谁一张贴画。"

两周后，我接到洋洋妈妈的电话，她高兴地说："女儿现在好多了，偶尔犯脾气，我用你教的办法也能战胜她了。这是我第一次战胜女儿啊，太幸福了。"

又有一次洋洋对妈妈耍脾气，妈妈说："那咱们去找李洁博士吧。"洋洋马上就说："不用了，我不要了。"妈妈马上发短信给我，她又战胜女儿了。我说：

"这个方法好用也不能老用，关键是爸爸妈妈自己要有'战胜'女儿的技术。"

北京有一位朋友的女儿思思想到美国去读书，家里不同意，就对她说："你问李洁阿姨，看她怎么说？" 思思之前找我做过心理辅导，对我很信任，所以每当遇到问题，爸爸妈妈就总让她征求我的意见，慢慢地她就不耐烦了，说："什么都是李洁阿姨，她说怎样就怎样，李洁阿姨是咱们家的皇帝呀，什么都听她的！"

处于青春期后期的思思，对别人的建议总会有抵触。父母越是这么说，她就越是反叛，并认为父母对她没那么上心，全都是别人说了算，感觉父母把她交给了别人。所以说，如果在专业人士的帮助下将亲子沟通"管道"疏通了，家长自己也要懂得日常维护。

下面是给家长的一些具体建议：

1. 家长必须对整个家庭生活做一番审视，放宽心胸，和谐相处，让孩子感受到家庭的亲密关系。

2. 当孩子发脾气时，家长不要马上指责她，应该温和地加以制止，告诉他这样做不好；如果孩子发脾气时，在家长的开导下能控制住自己的脾气，家长不要忘记称赞孩子。

3. 孩子有问题或提出不合理的要求时，家长要同他和蔼地正面沟通，切忌声嘶力竭地训斥。

4. 无论家长从事什么工作，在机构里担任什么职务，都要记住：不要对孩子随意发号施令，要学会尊重孩子，她再年幼，也是有人格的生命。

5. 家长无论多忙，每天都要至少挤出 10 分钟～ 15 分钟与孩子平等交谈、伙伴式地玩耍。

6. 家长与孩子沟通时尽可能采用开放式谈话，引导和启发孩子自己找到解决问题的办法。

智慧妈妈

对于0岁～6岁的孩子而言，父母是孩子的第一任老师，也就是说，父母的脾气、性格、举止、待人接物的方式方法都会给孩子打下烙印。尽管今天年轻的父母承受着巨大的工作和事业的压力，但我们依然要求爸爸妈妈在家庭教育方面多花点儿心思，因为家庭教育需要家长和孩子共同成长。

成长是贯穿一生的修炼

试想一下，当家长爱的"管道"堵塞时，他的爱又怎么会流到孩子身上呢？

我相信，很多父母打过孩子之后，很快就会后悔不该那样对待孩子。"自己当时处在气头上""我就是控制不了自己的情绪"，这是他们的解释。殊不知，父母的不良情绪会对孩子产生很大的伤害。

很多家长情绪不好时会对孩子大怒；情绪好的时候非常溺爱孩子，对他们百依百顺。家长对待孩子的态度完全凭自己的情绪，让孩子摸不着头脑。有的妈妈自己受了委屈，或遇到不顺心的事情，就把怒气发泄到孩子身上；有的妈妈在情绪激动时喜欢摔东西，或怒斥、暴打孩子等，这些不理智的行为，不仅伤害孩子，还很容易被模仿。

妈妈的性格与脾气会直接影响孩子的心理发育。生活中我们不难发现，如果妈妈性格豁达敦厚，孩子自然就温顺平和；如果妈妈性格暴躁乖张，孩子遇事就难免心浮气躁。

父母在教育孩子的时候要尽量控制自己的情绪，尽可能不把不良的情绪传递给孩子。在情绪控制方面，男性和女性完全不同。男性可能在情急之时打人、骂人、沉默，而女性最多是哭闹。

有一次，我与一位法官朋友聊天，聊到了女性权益保护方面的话题。她接触

珊珊　绘

过很多案子，那时刚好从某地一个女子监狱做完调查回来。那个监狱一共关押了2000多名杀人犯，她们大多是杀死自己丈夫的女人，很多看起来都弱不禁风，很难想象她们杀过人。了解后发现，她们原本都是受害者，长期遭受家庭暴力及精神虐待，在生命底线无法承受丈夫虐待的时候暴发出来，将丈夫杀死。自己由受害者变成了杀人犯。她们中有的是为了自保，有的是为了保护孩子不被父亲毒打。暴力家庭中的女人确实处于弱势，如果这个家庭的动力不改变，一定会影响孩子，而且会一代代传承下去。

有的女人，在单位受了批评，在家又被丈夫虐待，很可能对孩子撒气，因为人们需要为压抑的负面情绪找一个出口，家庭中孩子是弱势群体，她不自觉地会把怨气或怒气撒在比她弱的孩子身上。

父母的焦虑情绪往往会传递给孩子。对于有些行为需要矫治的孩子，妈妈经常会当着他的面说："你怎么会这样！""净让人操心！""什么时候才会好呢！"我总是劝这些父母不要动负向念，每个念都会有频率，像电视台的发射塔一样把那个念发射出去，而孩子收到后会向着负向发展。没有人能把握孩子成长的最佳状态，我们只能给他信念，信念的力量是无穷大的。父母首先要有积极向上的信念，才会在潜移默化中把这些积极的东西传递给孩子，让孩子内在获得一种正向的安抚，让内在长出力量。

我矫治的问题孩子的妈妈似乎都要崩溃了，有的妈妈则是专门辞职看管孩子，而有的爸爸则是"我不管，你什么都别跟我说，多少钱我都愿意出，但别跟我说孩子的事儿"。妈妈焦虑，爸爸不管，这样的情况，会给孩子什么样的能量场呢？当下家长最需要做的是给孩子疏通"管道"，给自己疏通"管道"。

成长是贯穿一生的修炼。父母有必要学会控制情绪、释放压力、化解愤怒。控制情绪并不是说不可以生气，而是表达生气的方式要妥当。有人问我："你的性格真好，怎么就不会生气呢！"其实，我们都是人，没有人不生气的，我只不过是觉察到一个情绪之后，能把它立即化解掉。另外，可能我擅长"选择性聆听"，我耳朵里听到的都是正向的东西，面对那些负向的东西，比如他人的抱怨，矫治个案时孩子的吵闹等，我内心总有一种信念："我是干大事的，这些东西不会在我心里存留。"马上它们就被我甩掉了。有时候，也会遇到一些不讲理、无理取闹的人，我可以做到以礼相待，但同时我也会告诉自己："我是干大事的，才不会跟他们计较呢。"这可能是属于一种精神的强大。

当然，情绪的调解，需要一些具体的方法，在此让我们分享一下处理愤怒情绪的技巧吧：

1. 深呼吸。做三个呼吸，如果还有愤怒，再做三个"气球式呼吸"，同时觉察两种呼吸的差异。

2. 觉察诱因。引起愤怒的因素并不是导致愤怒的根本原因，而是内心的什么东西与对方的行为相呼应。

3. 倾听来自内在的声音。想想自己到底需要的是什么。

4. 表达。表达自己的感受和建议，而不是指责与攻击对方。

智慧妈妈

"气球式呼吸"：用鼻子吸气，肚子慢慢鼓起，接着控制两秒钟，然后再用口吐气，直到肚子凹下去，肚子里的气完全排空。

寻找家长关注点
与孩子需求点的匹配

　　有一天我在幼儿园门口看到一位接孩子的妈妈。女儿高高兴兴地走出来，妈妈迎上去马上就问女儿："今天学英语了吗？"孩子回答："学了。""你真棒。看，妈妈给你带了什么好吃的。"妈妈边说边递给女儿一块巧克力。

　　女儿接过巧克力，开心地正要剥开，妈妈又问："今天学的什么？""忘了！"孩子随口回答。妈妈顿时就变了脸色，一把抢走巧克力，说："就记住吃了！学的什么都没记住。"妈妈知道吗？就在她抢回巧克力的那一瞬间，孩子的自尊心

杨沐恩　绘

受到多么大的伤害啊（这就是我前面说的有条件负向安抚）。一个人在小时候得不到安抚，一辈子都会活得很辛苦；一个孩子无缘无故受到来自父母的负向安抚，亲子关系很难"复原"。

很多家长只关心孩子每天吃了什么，学了什么，这一点与欧美国家的家长截然不同。在欧美国家，父母接到孩子，问的大都是"你今天结识新朋友了吗""你今天开心吗"等关于孩子内在成长的问题，他们关注孩子的人际交往和情商，从来不关心孩子吃了什么。他们认为学校有食谱，一看就知道吃了什么，何必再问呢？而我们家长大多关注孩子眼前吃什么了，孩子"未来"怎样发展，希望孩子不输在起跑线上。

在我矫治的孩子中，普遍的一个问题是从孩子的画中投射出"缺爱"。为什么在物质极大丰富的今天，孩子们吃得好、穿得好、玩儿得好的情况下仍然流露自己"缺爱"的情绪呢？因为家长的关注点与孩子的需求点不匹配。很多家长过多地关注学校或幼儿园是否对孩子公平，是否很好地教孩子学科知识，孩子是否吃饱穿暖，成绩是否上升等极其功利的问题。

比如一些家长对幼儿园不够放心，比较关注幼儿园每天吃什么菜，老师怎么对待自己的孩子，甚至有的家长让孩子身上带着录音笔。表面看这是家长对幼儿园的不信任，对社会的不信任，实际上是家长内心有一种恐惧，是他在成长过程中有某个未满足的期待，内在匮乏的表现。当然，这也许有社会大环境的影响。现在社会上负向报道太多，人们的定力又有差异。内在强大的人，无论社会上刮什么风，他都会怡然不动。内在无力的人听到或看到别的幼儿园发生了什么不好的事，马上就想去看看自己孩子所在的幼儿园是不是也是这样。这既是一个心理问题，也是一个社会问题。现在社会的信任度差，不诚信的案例太多。有时我会对家长说："您为什么相信孩子说的，而不相信老师说的呢？因为您和孩子有血缘关系。"

如果怀疑幼儿园的老师都在虐待孩子的话，那这个社会真的是无可救药了。孩子每天愿意上幼儿园，就说明他在幼儿园的生活是快乐的。我们不能因为有一片乌云，就认为太阳再不会升起了。这就是家长内在力量不足，他们恐惧，他们惧怕孩子在幼儿园受到委屈。我们幼儿园曾有五个外国孩子，他们分别来自英国、印度、德国、日本和韩国。那些孩子的家长把孩子交给老师就走，什么事都不会牵绊他们，那些孩子的各方面也都成长得很好；而有些家长总是有各种担心，把孩子交给老师时千叮咛、万嘱咐，唯恐有什么遗漏。一般担心越多的家长，孩子身上的问题也越多。

还有的妈妈对孩子的担心和牵挂确实很多，只要孩子不在自己身边，总是不放心，经常给老师打电话："孩子里面套的是三保暖，现在出太阳了，给她换件书包里带的薄衣服吧！""孩子出汗了，记得帮他垫一块汗巾。"

在非常"6+1"的家庭模式下，家长为孩子想得太多，太周到，孩子还怎么长出自己的能力呢？孩子的生活几乎被安排得非常圆满，从人性的角度说，有人提供周到的服务，谁还会去自讨苦吃呢？

很多家长非常注重孩子的"健康"。有一位妈妈就特别关注孩子的饮食，她要求孩子除了吃幼儿园的食物外，还额外规定孩子每天晚上睡觉前必须吃两袋米糊、八个橙子、半个西瓜，否则就会认为营养不良。她的孩子确实长得既高又壮实，虽然才 4 岁，但看上去像个小学生，而这个孩子因听力识别不足造成不能与两个以上的孩子共同游戏；因本体感不足显得笨手笨脚，经常发生磕磕碰碰；由于前庭觉刺激不够，注意力品质不好；由于过度娇惯，自己不会上厕所，每天奶奶拿尿壶为他接小便。其实，孩子不需要吃那么多食物，反而需要吃一点儿苦。就这样，妈妈还对孩子下命令："必须要吃完。"这样的孩子怎么可能自由地飞翔！一次矫治工作结束后，我与妈妈沟通时说："如果你继续这样规定孩子每天必须吃那么多东西的话，恐怕你这儿子要白养了。"妈妈一听眼泪就出来了。经过反思，后来妈妈有了改变。

家长应该关心孩子的成长，而这个成长不仅仅是吃饱穿暖玩儿好，重要的是内在的成长。

智慧妈妈

目前我们家长对学前教育至少存在五种令人担忧的倾向和偏差：

（1）过分地强调知识灌输；

（2）过度地溺爱孩子；

（3）过早地对孩子进行专业训练；

（4）过高地要求孩子；

（5）过少地给予孩子心灵的陪伴。

其实，孩子应该先学会做人，然后再学知识。孩子的心理健康和身体健康同样重要。

第 8 章

亲子沟通 "管道" 的问答

也许这里辑录的只是家庭教育中最常见的问题，也许这里的解答比较简单，但是，美国一位作家说：简单是一种新的哲学。成功往往就是把简单的事情不断重复地做。

说不清话的孩子

李博士辛苦了！我们匠里有一个 6 岁的孩子，只认字，不管老师怎么教，他都不会开口，而且说话含糊其词，听不懂他在说什么，老师平时只能通过孩子的眼神判断他要做什么，据家长说孩子一直都是这种情况，他们也很困惑，不知道怎么办，幼儿园也只能很费力地一对一教学，请问我们该怎么办？

答

我没有见到孩子，不能做具体的判断和指导，根据你的描述和提供的信息，建议家长带孩子①看医生，检查发音器官。 ②做前庭觉刺激（如荡秋千、横向翻滚等）。同时建议家长欣赏孩子的闪光点，不要在孩子面前过多地责备，也不要在孩子面前表现出焦虑，更不要拿自己孩子的缺点和别人孩子的优点相比或不断重复孩子的发音错误，以免产生负强化，同时伤害孩子的自尊心。

孩子不喜欢与人说话

我的小孩儿今年 3 岁多了，在家里很喜欢说话，也很活泼，可他在幼儿园里见老师和小朋友就是不说话，不能融入集体活动中。不喜欢叫人，我怎么说都不行，不知道怎么办好。

关于孩子不爱说话，家长不必太紧张。①孩子属于退避型气质，家长可以多给孩子提供机会去讲话，甚至去表现自己。孩子获得自信后，就很容易在陌生场合开口了。②家长可以多和孩子交流，但千万不要说"你这孩子咋不叫人呢""你怎么这么没有礼貌啊，快叫……"否则只会适得其反。心理学研究表明，语言是有力量的！比如家长说"你怎么这么没有礼貌啊，也不叫人"，不如说"你真有礼貌，很懂得与人打招呼"，孩子受到鼓励，得到认可，就会建立起自信，自然会"喜欢叫人""喜欢说话"。其实，父母给孩子的最好礼物就是一句好话，你期待孩子成为什么样的人，就朝着那个方向去说。③家长不要在当时的情境中一句接一句地发出指令。孩子的学习是"感觉学习＋运动学习"。孩子通过感觉器官产生感觉信息，再由神经系统将这些感觉信息传递到大脑的各个智能区，由大脑各功能区对这些感觉信息进行加工和处理，之后产生一种用于指挥身体行动的指令性信息。这个过程就叫作感觉学习过程。指令性信息是从大脑出发，经由神经系统传递到身体各个部位，进而指挥人体产生一定的动作。这个过程就是运动学习过程。"感觉学习＋运动学习"是一个运动企划。比如家长给孩子一个指令："问张奶奶好！"孩子接收到信息就要送往大脑职能部门进行信息加工，然后将指令性信息经大脑指挥嘴巴，才会说出"张奶奶好"。当孩子收到家长的指令还正在思考时，往往家长又给出了第二个指令"叫啊，你这孩子怎么不叫人啊"，紧接着又给出第三个指令……这时孩子的信息加工渠道发生堵塞，不知听从家长哪一个指令，他又怎么爱"叫人"呢！

孩子动不动就哭，怎么办

我女儿快 5 岁了，可是一遇到不顺心的事情，或者不想做的事情，就用哭来表达。一般吃饭的时候，总是不守规矩，每次都要大人喂她吃饭，而且还不一定能吃下去，如果稍微一说她，她就哭。睡觉之前也得抱着她，等她睡着了，才能放到床上。有时候晚上玩儿得起劲，一直玩儿到很晚，等到她累了，想睡的时候，又哭了……经常一会儿非常快乐，可是一会儿就无缘无故地哭了……请问老师，这个年龄段，这种现象是正常的吗？

答

孩子爱哭，从心理学角度看是孩子想用眼泪战胜父母，从情商角度看是孩子不知道如何叙说自己的情绪，就只好用哭来表达。

一般来说，孩子哭是因为有人或某件事使她感到害怕、疼痛或不愉快，哭泣时大脑可生成一种使人愉悦并镇痛的物质，可缓解这种不良情绪，这时哭是正常反应，不哭无法宣泄不愉快的情感，反而对人体会有害。而爱哭却是一种心理疾病，由于不顺心就哭，一遇到困难就哭，长期下来就形成了依赖。

面对孩子爱哭，可以通过游戏让孩子内在的情绪发泄出来，或者使用游戏《感觉图表》与孩子讨论她的感觉，她喜欢什么感觉，不喜欢什么感觉，怎样让不喜欢的感觉消失，让喜欢的感觉增加。

我的孩子很任性

我儿子今年 3 岁了，很聪明，长得也帅气，可以说小时候人见人爱，但是现在邻居都躲我们，因为他经常欺负别的小朋友，别人的玩具如果他没有见过，他就会去抢，抢不过就满地打滚地哭。在家里也是，他要什么，我们就必须满足他，否则又哭又闹。起初我觉得是我先生太惯孩子，比如他要玩儿火，我先生就会给他点燃一支蜡烛，蜡烛燃完了，我儿子还不让吹灭，有一次把崭新的柜子都给烧了一大块。这些问题我和我先生讨论过很多次，可我先生说孩子的学习是要通过实践，只有他自己尝试了才算学习了，我觉得我先生说的也有道理。但是最近我发现儿子越来越任性，幼儿园的老师也反映他太任性。比如在幼儿园他要玩儿老师的手机，老师如果不给他玩儿，他会"大闹天宫"。在家也是这样，他要什么，马上就得给他。有一次我带他去朋友家吃饭，他非要吃大虾，餐桌上没有，他又哭又闹，没办法我的朋友赶快去买，给他做好后，他又不吃了。

问他："为什么不吃呀？"他说："我这会儿不想吃了。"在朋友面前我很尴尬。这种情况发生过好多次，他要的时候闹得不得了，可给他做好了他又不吃了。我感到束手无策。

李博士，你说我儿子是天生任性呢，还是被宠坏了？

答

我相信世上所有的孩子都一样可爱，只是在养育过程中每个孩子的体验和教育环境各不相同。您的孩子确实少了些规则性引导，多了些纵容，久而久之必然任性、"大闹天宫"，这个时候家长应该赶快采取措施矫正，千万不能任其发展了。一个两岁的孩子就可以通过谈话交流，您的孩子3岁了，完全能听懂话了，有些道理是需要给他反复讲的，否则，就真的很难纠正了，这会给父母造成终生的遗憾，孩子也不会有幸福的人生。

建议方法：

1.对孩子"说一不二"。如果不允许孩子做的事情，孩子再哭闹也不能让步，对孩子的管理原则：要管就管到底，否则就不管。如果这次管了一半家长又让步了，下一次不能满足孩子的愿望时，他会闹得更凶，挑战父母的心理底线。

2.和孩子讨论规则，制定积分表，如果做到了要适当奖励，做不到要适当处罚。一切要靠他自己的努力获得，培养其责任感。

3.用对方法。对幼儿教育切忌"说教式"，多采用"游戏式"。对儿童来说，游戏是自然的沟通方式，也是孩子安全表达的媒介，所以，在游戏中孩子会在没有任何威胁的情况下发展出能力。

孩子爱撒谎，怎么办

我一直觉得女儿很乖，全身心地扑在她身上，关心她的生活、成长和学习，但万万没有想到的是，她竟然学会撒谎了。有一天，她跟我说，自己身体不舒服，想在家休息，不去上学了。我担心她生病，就没让她去学校。后来我发现她经常说身体不舒服，当我要带她去医院时，她又说好多了。几次后我发现她是装病，目的就是为了不去学校。

我不知道是否应该当面戳穿女儿的谎言。你说我到底怎么办？

答————————————————————○

说谎往往被人们视为一种恶劣的品质问题，所以老师、家长从小就会给孩子讲述《狼来了》等故事来教育孩子要诚实，不能撒谎骗人。

对于幼儿来说，"说谎"的原因是多方面的，形形色色，性质也各不相同。面对幼儿的撒谎，我们不能一概而论，需要具体问题具体分析。首先要认真分析当时的背景，如幼儿年龄、一贯表现、能力水平、说话动机等。其次要分析幼儿谈吐表情、话语内容与实际是否相互矛盾等。只有判断准确，才有利于进一步分析原因，采取相应的教育对策。

根据心理因素来分析，幼儿说谎大致可分为无意说谎和有意说谎两大类。究其原因，主要分为以下四点：

1. 怕父母的责骂。有些做父母的，每当孩子做错一件事，便要骂孩子或打孩子。孩子怕骂怕打，便用说谎来掩饰自己的过错，希望通过掩饰来逃避父母的惩罚，于是每当他做错事时，他都会以说谎来掩饰自己，逃避惩罚。

2. 逃避现实。有些孩子不愿意做或不能接受某事时，便找理由，比如叫喊头疼呀！肚子疼呀！用各种谎言去欺骗父母或老师，这种谎言又往往得到成年人的同情，因此以后便常以说谎来为自己找借口了。

3. 满足虚荣心。一件事本来不是孩子做好的，但如果说是他做的，就可以得到奖赏，面子很光彩，于是孩子说谎了；事情本来是他做的，但做得不好，怕丢脸，于是他说那件事不是他做的，也说谎了。

4. 贪利。很多小孩子口谗，想吃东西，便用说谎的办法来获得奖励或达到目的。

教育攻略：

1. 示范。孩子是成年人的一面镜子，当发现孩子撒谎时家长首先要反省自己给幼儿心理造成的影响，而不只是严厉地指责孩子。有些幼儿说谎，往往与成人的影响有关，特别是父母的说谎行为，常常是造成孩子说谎的直接原因。所以，家长要提高自身的修养，做到诚实、守信，时刻为孩子提供效仿的榜样。

2. 冷静。幼儿撒谎的情况形形色色，家长发现或听到谎言时不要大惊小怪，好像天要塌了似的，重要的是要查找出幼儿撒谎的原因和目的。孩子很单纯，大多撒谎都是为了逃避惩罚。

3. 教育。告诉孩子无论遇到什么问题和困难都要诚实，因为诚实的孩子最受欢迎。诚实，不仅仅代表一种美德，一种勇气，一种智慧，还是源源不断的财富，这种财富必将使诚实的人获得巨大成功。

孩子嫌妈妈啰嗦

我的孩子老嫌我啰唆，可是我不强调，他就不会改，我该怎么办？

答

两岁的孩子即开始形成自我概念——看待自己的形式。这个年龄的孩子，自我概念是建立在与他人沟通的能力上，而且是根据自己的需求来转变他眼里的世界的。随着年龄的增长，孩子开始谈论内心的状况，如他们所喜欢的，或在某些情况下，他们的感受。很少有家长发现，即便很小的孩子都能够学习解决他们自己的问题；6岁时，幼儿能够给予一个问题多种解答；8岁~9岁时，孩子具有了衡量不同抉择利与弊的能力，且能选择一个最好的答案；再长大一些时，孩子需要一个充足的范围来进行自我超越。因此，孩子不喜欢父母唠叨、要求自我独立的空间是正常的。我认为，家长不要干涉孩子太多，不要打破砂锅问到底，不要事无巨细；我建议，原则性问题家长掌控，非原则性问题让孩子自理，要放手让孩子独立面对一些事情。今天大多孩子的问题就是没有学会独立。

孩子听不得批评，怎么办

我的孩子5岁了，可每次算术题做错了，我给他打个叉叉，或是其他事情做错了，我批评他时……他总是哭，闹别扭。总而言之，他只喜欢听表扬。

我要怎样做才能教好这孩子，我怕这性格对他以后的成长不好。我应该怎么做呢？

答

孩子听不得批评，也属正常，因为在这个世界上没有人喜欢被指责。但是一点点批评也不能听，这会给孩子带来生存困难，因为这个世界上没有人不会受到批评。究竟如何批评？还得从改进批评的方法着手：

1. 进行适当的挫折教育。孩子听不得批评也表明孩子自尊心特强，听不得负面意见，从社会性说，孩子早晚要融入社会的，这个世界不是他一个人的，怎么会所有人都顺从他呢？为孩子设计适当的挫折教育，是当下早期家庭教育中一个新的挑战。家长可以和孩子一起站在起跑线上，关键是要靠他自己！

2. 不要过多批评孩子，尤其是声嘶力竭地指责他，应以启发为主。孩子有缺点，家长给予批评，这是必要的。但家长不能不给孩子一点尊严，把孩子批得体无完肤，这样孩子会被打倒在地，甚至产生厌烦情绪和逆反心理。这样一来，孩子的沟通"管道"被彻底堵死，再也听不进家长的批评了。

3. 要在分析缺点、错误的基础上给予孩子批评、教育，简单、粗暴的批评往往适得其反。有的孩子由于好奇而惹出乱子，对待这样的孩子，家长要先分析他的失误，再帮助他找到解决的办法。比如孩子把家里的闹钟给拆了，如果家长不理解孩子的好奇心和探索精神，一味地指责，可能会挫伤孩子探索世界的积极性，同时孩子内在还会产生委屈，家长再不能够帮助孩子把委屈清理出"管道"，孩子一生都会受到影响。

4. 尊重并信任孩子。有的孩子攻击性很强，经常打小朋友，家长就觉得自己的孩子是问题孩子，这样会挫伤孩子的自尊心，引起孩子情绪上的抵触，不仅收不到预期效果，反而会强化孩子的缺点、错误。其实，孩子的问题往往是父母惯出来的，绝非是天生的。所以，家长要耐心引导，同时表现出对孩子的信任，以爱护、尊重、信任、期待的态度陪伴孩子成长，孩子一定会给家长一个满意的结果。

5. 运用结构化故事教育孩子。儿童都喜好故事，智慧的家长会根据孩子出现的问题，选择对应的童话、寓言等故事与孩子分享阅读，用生动的隐喻让孩子内在的力量长出来。只有生命可以抵达生命。

孩子总是抢别人的东西

我家小宝老爱去抢别人的玩具，明明他自己有和别人一样的玩具，可他就偏要人家的，我让他和人家换着玩儿，他就是不听，非要拿着自己的还要占着别人的，不满足他就上前去打人。

我每次都很生气，我打他吧，他还会大哭大闹，老人不愿意，反而我会挨骂。给他讲道理他又不理，就一个劲儿地要呀，闹呀。我真拿他没办法，尤其是只要他一起床就非要下楼找人家玩儿，本想让他和人家好好玩儿，培养他的社交能力，可每次都没有好着回来的，不是打了人就是被人打了。真没办法了。

答

面临幼儿抢别人家东西的情形，做家长的切忌当场斥责，或从孩子手中把东西夺过去还给对方，这样只会增加幼儿心中的反感和反抗。一般来说，儿童到了两岁，就能够使用语言沟通了，所以家长可以通过言语来训导和教育他。

这个时候，不妨给孩子足够思考的时间，让他想清楚自己的东西和别人的东西有何不同，告诉孩子要懂得别人的东西是不可以随便占为己有的。对于家长来说，情况发生时需要有耐心，随时把握机会进行教育，切记：打不得。妈妈更不应该对孩子说什么"财迷""妈妈不要你了"之类的话。孩子就是孩子，没有那么复杂，成年人更不能拿自己的心理去揣测孩子的心理。有些话不但起不到教育的作用，反而让孩子受到伤害。

通常情况下，幼儿3岁时已经可以清楚地意识到别人的东西和自己的东西的不同。如果条件允许，在幼儿两岁前后，可以开始训练他区别自己的和别人的东西。随着年龄的增长，孩子能够逐渐累积自我忍耐的能力。

图书在版编目（ＣＩＰ）数据

管道：亲子沟通的艺术 / 李洁著 . -- 北京 ： 作家
出版社，2015.8
　　ISBN 978-7-5063-8236-6

　　Ⅰ . ①管… Ⅱ . ①李… Ⅲ . ①家庭教育 Ⅳ . ① G78

中国版本图书馆 CIP 数据核字（2015）第 200157 号

管道：亲子沟通的艺术

作　　　者：李　洁
责任编辑：丁文梅
装帧设计：万　琦
出版发行：作家出版社
社　　　址：北京农展馆南里 10 号　　邮　　编：100125
电话传真：86-10-65930756（出版发行部）
　　　　　　86-10-65004079（总编室）
　　　　　　86-10-65015116（邮购部）
E-mail:zuojia@zuojia.net.cn
http://www.haozuojia.com （作家在线）
印　　　刷：北京市通州运河印刷厂
成品尺寸：180×206
字　　　数：200 千字
印　　　张：12
版　　　次：2015 年 10 月第 1 版
印　　　次：2015 年 10 月第 1 次印刷
ISBN　978-7-5063-8236-6
定　　　价：48.00 元

作家版图书，版权所有，侵权必究。
作家版图书，印装错误可随时退换。